Progetto grafico: Elisa Agazzi

Immagine fuori testo della Sindone:
© PerseoMedusa/Shutterstock

*Per informazioni sulle opere pubblicate
e in programma rivolgersi a:*

Edizioni Terra Santa
Via G. Gherardini 5 - 20145 Milano (Italy)
tel.: +39 02 34592679 fax: +39 02 31801980
http://www.edizioniterrasanta.it
e-mail: editrice@edizioniterrasanta.it

Roberta Russo

100 cose da sapere sulla sindone

Guida essenziale per pellegrini, curiosi, scettici

eTS
edizioni
terra santa

Finito di stampare nel febbraio 2015
da Corpo 16 s.n.c. - Modugno (Ba)
per conto di Fondazione Terra Santa

ISBN 978-88-6240-324-5

INTRODUZIONE

LA SINDONE DI TORINO
100 tasselli per non smarrirsi
di fronte al mistero

È il lino più famoso del mondo. Da secoli provoca l'intelligenza e il cuore di uomini e donne di ogni latitudine: fedeli, curiosi, scettici, ma anche storici, scienziati, teologi che hanno tentato di carpirne il mistero.

Che cos'è la Sindone? È davvero il lenzuolo funebre di Gesù? Quali segreti nasconde? A quale epoca risale? Come si è formata l'immagine? Di cosa si occupa la sindonologia?

Nel corso del tempo le domande si sono moltiplicate. E in questa guida, agile ed essenziale, il lettore troverà 100 risposte: tasselli sintetici e divulgativi, indispensabili per non smarrirsi di fronte all'enigma del "sudario di Torino".

Le *100 cose da sapere sulla Sindone* dipanano un'intricata matassa di dati, scoperte e curiosità in vari ambiti: storia, geografia, scienza, arte, simbologia, esoterismo, religione e spiritualità.

Gli studi sulla reliquia torinese intersecano da sempre un'ampia serie di discipline storico-scientifiche e biblico-teologiche. E ogni studioso ha voluto offrire un apporto che potesse aiutare a emettere un verdetto attendibile di autenticità o di falsità. Negli ultimi cent'anni – anche grazie al progresso tecnologico – il dibattito è stato appassionante, a tratti polemico. Gli esperti si sono spesso divisi, seguendo talvolta convinzioni di parte: da un lato gli accaniti sostenitori della non-autenticità; dall'altro gli esperti cosiddetti "autenticisti".

Questa guida non sposa nessuna posizione definitiva, ma si premura – adottando la massima obiettività possibile – di dare conto di tutte le prospettive in campo, fornendo un quadro completo delle piste di ricerca nelle varie materie: dall'archeologia alla botanica, dalla chimica alla medicina legale, passando attraverso iconografia, esegesi, paleografia, numismatica, antropologia, fisica e persino statistica.

I 100 tasselli forniscono, dunque, un "bagaglio di partenza" per accostarsi alla Sindone con una certa consapevolezza, ma raccontano anche moltissimi aneddoti e storie: davvero Hitler voleva rubare la Sindone? I Templari custodirono il sacro lino in segreto? Ci sono film che parlano della reliquia torinese? È vero che le copie della Sindone furono più di cinquanta?

* * *

Sostare anche solo per qualche minuto di fronte al telo sindonico è un'esperienza unica. E qualunque sia la nostra fede, quali che siano le nostre convinzioni, il suo fascino indiscutibile ha qualcosa di prezioso da dirci sulla natura umana. L'appello che la sua immagine rivolge a chi lo scruta non è soltanto verticale, di richiamo a una realtà divina, ma è anche orizzontale, e interroga tutti, credenti e non credenti: è il grido di un uomo torturato, sfregiato, ucciso. L'immagine di quel corpo vilipeso nella carne ci rimanda alla brutalità dell'uomo, alla sua "prerogativa" di infliggere supplizi, caparbiamente e ripetutamente, su un proprio simile.

Le domande non cesseranno mai di moltiplicarsi, ma in questo piccolo libro il lettore troverà una mappa ricca di notizie per riflettere di fronte a una delle icone più importanti e celebrate di tutta la storia sacra.

R.R.

IL LENZUOLO

UN NOME, UN ENIGMA
Da dove nasce la parola *sindon*?

Il mistero della reliquia più famosa e venerata di tutta la cristianità comincia dal nome e dalle sue molte radici.

Il sostantivo latino *sindon* (genitivo *sindŏnis,* dal greco σινδών – όνος) era una voce di origine semitica che stava a significare una lunga striscia di stoffa tessuta con cotone indiano o lino. Lo confermerebbero anche le etimologie più antiche: in ebraico *sadin*, in egiziano *scenti* o *scend* (tessuto di bambagia, mussolina), affine al copto *shent* (tessere) e a *shento* (tela, lenzuolo, veste).

Altri studi farebbero risalire la radice al termine *indôn*, a significare "tela indiana", cioè proveniente dalla terra bagnata dal fiume Indo, in sanscrito *Sindhu*. In effetti, in origine, la sindone era una sorta di panno-lino con cui si coprivano gli indigeni dell'Egitto, dell'India e di altre regioni dell'Asia. La stessa stoffa, tessuta in modo più raffinato, veniva importata nella Magna Grecia e in Italia prima di Cristo, ma impiegata per usi diversi: tendaggi, zanzariere, copricapi.

Una ricca documentazione storico-archeologica risalente all'epoca pre-cristiana attesta che gli Ebrei avevano l'usanza di avvolgere i cadaveri in un drappo funebre con alcune bende e un sudario per la testa. Nel testo originale greco dei vangeli sinottici (*Matteo* 27,59; *Marco* 15,46; *Luca* 23,53), il lenzuolo portato da Giuseppe d'Arimatea per la deposizione del corpo di Gesù di Nazaret viene indicato con il sostantivo *sindone*. Inoltre, nella *Vulgata* latina, al capitolo 27 dell'*Evangelium secundum Matthæum*, si legge: «*Et accepto corpore, Joseph involvit illud in sindone munda*».

I racconti della tradizione sembrano testimoniare che solo nel VII secolo fu aggiunto l'aggettivo *sacra* e, come tale, la storia del santo lino – per antonomasia *Sacra Sindone* – viene fatta iniziare a Gerusalemme, dove sarebbe stato conservato dalle prime comunità giudeo-cristiane, per poi essere trasportato a Costantinopoli. Il vocabolo *sindone* compare per la prima volta in italiano nei testi del Trecento che narrano di pellegrinaggi in Terra Santa, compare poi nella letteratura sacra e profana dei secoli seguenti fino a D'Annunzio, nella celebre *Contemplazione della morte*. Una curiosità: nella terminologia medico-chirurgica degli inizi del Novecento il termine era d'uso per indicare il "tampone per suture".

In epoca medievale, varie diocesi cristiane sostennero di possedere la reliquia autentica (vedi n. 37). Ci furono dunque molte "sindoni", ma quella universalmente nota con l'epiteto di *Sacra Sindone* è conservata nel duomo di Torino dal 1578. Ed è la stessa che fin dal 1353 era venerata a Lirey, in Francia, passata poi ai duchi di Savoia nel 1453.

Oggi con il termine *sindone*, normalmente scritto con la maiuscola, s'intende soprattutto l'immagine che compare sul "telo sindonico", il cui aggettivo "sindonico" si riferisce appunto alla Sindone di Torino, conosciuta, almeno per nome, in tutto il mondo e considerata un *unicum* dal punto di vista storico, scientifico, teologico.

IL LINO DEI MISTERI
Che cos'è la Sindone?

Fin dalla metà del XIV secolo, periodo a cui risalgono i primi documenti certi sulla Sindone di Torino, le esposizioni pubbliche del lenzuolo vennero chiamate *ostensioni* (dal latino *ostendere*, mostrare). Durante l'ostensione del 1998, papa Giovanni Paolo II, recatosi nella diocesi torinese in pellegrinaggio, sentenziò che la Sindone è «una provocazione all'intelligenza».

Il telo è una striscia rettangolare di lino giallo-ocra – originariamente lunga m 4,36 e larga m 1,10 – su cui s'intravede l'immagine frontale e dorsale di un corpo umano maschile nudo (alto circa m 1,75-1,80), che porta segni di tortura compatibili con il supplizio subito da Gesù e raccontato nei quattro vangeli canonici. Le tracce dei maltrattamenti e della crocifissione sono visibili sulla testa, sul dorso, sul petto, sulle mani e sui piedi.

Ci sono poi altri segni anomali di difficile interpretazione dovuti all'incuria, agli incendi e all'usura del tempo.

Lo spessore del telo è di circa 0,35 mm, mentre il peso è di circa 2,440 kg. Dopo l'ultimo restauro del 2002, le misure sono lievemente cambiate (vedi n. 4).

Le ipotesi sulla formazione dell'immagine – percepibile a occhio nudo solo dalla distanza di un paio di metri – sono molte, ma la scienza non ha ancora fornito spiegazioni definitive sull'origine dell'"impronta", che sta lentamente scomparendo. Il tessuto infatti, invecchiando, ingiallisce e sempre più si riduce il contrasto fra lo sfondo e i tratti di quella che pare essere una salma.

LA TRAMA E L'ORDITO
Quali segreti nasconde la stoffa?

Il lino è filato a mano con tessitura detta "a spina di pesce" realizzata con un rapporto trama-ordito di 3 fili a 1. La spigatura forma "strisce" larghe circa 11 mm.

Nel 1931 un esperto tessile, Virgilio Timossi, esaminò l'orditura definendola «una lavorazione rudimentale, confermata da frequenti salti di battuta ed errori dovuti a un telaio manuale». L'analisi fu confermata anche da Silvio Curto (direttore del Museo Egizio di Torino), che nel 1969 partecipò a un'indagine diagnostica con altri tecnici su incarico dell'allora cardinale di Torino Michele Pellegrino. L'ispezione al microscopio rivelò che ogni filo del tessuto ha un diametro di circa 250 millesimi di millimetro ed è composto da 70-120 fibrille (fili risultanti dal processo di macerazione). La filatura delle fibrille della Sindone è in senso orario o – come si dice – "a Z", diversa dalla filatura "a S", antioraria, più comune nell'antico Egitto.

Molti archeologi hanno osservato che le "sindoni giudaiche" – databili al 50-70 d.C. – sono diverse da quella di Torino per tessuto, tessitura, torcitura e disposizione sul corpo.

Shimon Gibson – archeologo scopritore nel 1998 della *sindone di Akeldamà*, sudario rinvenuto a Gerusalemme in un sepolcro del I secolo d.C. – ha fatto notare le differenze da quella torinese: anzitutto il tessuto di lana, poi la tessitura semplice e non "a spina di pesce", infine la trama "a S" e non "a Z". Altra differenza era la posizione del telo e della salma: le braccia lungo i fianchi;

collo, polsi e caviglie fermati da bendaggi; testa libera e volto coperto solo da un fazzoletto traforato (in modo da permettere al defunto, in caso di morte apparente, di non soffocare).

Altri sudari di lana e di lino, risalenti allo stesso periodo e ritrovati in zone limitrofe, confermano la presenza di elementari tessiture "a S" e la pluralità di bendaggi anziché di un solo telo, ponendo quindi molti dubbi sull'appartenenza della Sindone di Torino alla produzione di drappi funebri ebraici riconducibili all'epoca di Gesù.

Sulla base delle difformità riscontrate nel confronto con la *sindone di Akeldamà* e con quelle coeve, Gibson ha concluso che la Sindone di Torino non è autentica: «Una sindone composta da un solo telo, inoltre, non rientrava nella prassi comune di sepoltura giudaica, come attesta anche il Vangelo di Giovanni al capitolo 20 (versetti 5-7)» (S. Gibson, *The Final Days of Jesus*, HarperCollins 2009).

Alcuni studiosi sostenitori dell'autenticità – fra i quali Pierluigi Baima Bollone ed Emanuela Marinelli – notano che lini con torcitura "a Z" sono stati rinvenuti a Palmyra (Siria), Al-Tar (Iraq) e nel deserto di Giuda, a Masada (cfr. P. Baima Bollone, *Sindone. Storia e scienza*, Priuli & Verlucca 2010; E. Marinelli, *La Sindone*, San Paolo 2010). Ricercatori come Antonio Lombatti, direttore di *Approfondimento Sindone*, obiettano però che tra i pochissimi esemplari di tessuto "a Z" ritrovati in Medio Oriente nessuno era destinato a uso funebre (cfr. A. Lombatti, *Il Graal e la Sindone*, Mondadori 1998).

LE DIMENSIONI
Come sono calcolate le misure?

La forma geometrica della Sindone di Torino è un rettangolo: un'ininterrotta striscia di stoffa, che dai primi studi risultava essere lunga m 4,36 e alta m 1,10.

I lati del rettangolo avevano in origine impercettibili variazioni: la larghezza della base (guardando il telo di fronte con la figura dorsale a destra e quella frontale a sinistra) era di m 4,37; la misura del lato superiore risultava più corta e pari a m 4,34. Anche l'altezza presentava una lieve differenza: m 1,12 a sinistra e m 1,13 a destra. Nel 1534 il lenzuolo venne cucito e impunturato dalle suore clarisse di Chambéry su una tela bianca (tela d'Olanda) che fungeva da fodera di sostegno. L'intervento si era reso necessario dopo l'incendio scoppiato nel 1532 nella cappella dei Savoia dov'era conservato (vedi n. 6).

In tempi recenti, nell'estate del 2002, la Sindone ha subito un restauro conservativo commissionato dalla diocesi di Torino (vedi n. 7). La tela d'Olanda è stata sostituita con altra stoffa di sostegno, rimuovendo alcuni lembi di tessuto bruciati nell'incendio del 1532 e anche i rattoppi applicati a suo tempo dalle suore.

Il lenzuolo è stato inoltre stirato per eliminare le pieghe e, dopo l'intervento, le nuove misure comunicate dal sito ufficiale della Chiesa cattolica di Torino (www.sindone.org) sono queste: m 4,41 per i due lati lunghi e m 1,13 per i due lati brevi.

Lo spessore del telo non è omogeneo: mediamente 0,35 mm.

Il peso è di circa 2,440 kg.

SEGNI PARTICOLARI
Quali sono le anomalie del lenzuolo?

Sul telo sono visibili – alcuni a occhio nudo e altri al microscopio – segni di difficile catalogazione: bruciature, gocce di cera, aloni zigrinati, cuciture, lacune di stoffa, tracce di pigmento.

Si notano anzitutto le *bruciature* dell'incendio che divampò nella notte fra il 3 e il 4 dicembre 1532 nella Sainte-Chapelle di Chambéry. Gocce di argento fuso – probabilmente colate dal reliquiario o da un candelabro – crearono fori di forma triangolare. Sulla Sindone sono infatti evidenti coppie di triangoli posti simmetricamente lungo due strisce laterali. Le due strisce scure parallele furono probabilmente provocate dalle pareti surriscaldate della teca e indicano che il lenzuolo era ripiegato più volte su se stesso. I buchi triangolari furono rammendati con "toppe" dalle suore di Chambéry; nel restauro del 2002 le "toppe" sono state sostituite (vedi n. 7).

Sono distinguibili, inoltre, quattro gruppi simmetrici di piccoli fori sui lati dell'immagine del corpo. Si tratta forse di bruciature più antiche, che corrono lungo due linee affiancate a livello delle mani incrociate e, alla stessa altezza, sulla parte dorsale. Si suppone che il lenzuolo fosse ripiegato in quattro, mentre si è quasi certi che questi fori siano antecedenti all'incendio del 1532, in quanto già documentati su una copia pittorica della Sindone datata 1516 e oggi conservata a Lierre (Belgio). Altre teorie attribuiscono l'origine dei fori a torce accese troppo vicine al lino durante un'ostensione. E ciò spiegherebbe la presenza di *gocce di cera* che sono state riscontrate con l'ingrandimento al microscopio.

Le macchie a forma di rombo, che si ripetono più volte al centro e lungo i bordi, sono invece *aloni zigrinati* ben visibili, dovuti forse all'acqua gettata per spegnere le fiamme. Anche in questo caso, gli aloni appaiono ripetuti in modo simmetrico a causa della piegatura e la zigrinatura fa pensare che sia colato del pigmento o della materia.

Lungo tutto il margine superiore (guardando il telo con l'impronta frontale a sinistra di chi guarda) è stata anticamente cucita una striscia che pare dello stesso tessuto della Sindone. Non si conosce la ragione di un tale riporto, anche se sono state azzardate varie ipotesi. Ai bordi estremi di questa striscia – alta 8 cm – si notano due vistose *lacune* di tessuto. Anche in questo caso non si conosce quando e perché avvennero le mutilazioni. In alto a sinistra, lungo il margine inferiore della lacuna, vi è la zona da cui vennero effettuati i prelievi di tessuto per le indagini merceologiche del 1973 e 1978 e per la radiodatazione con il metodo del carbonio 14 nel 1988 (vedi nn. 45 e 46).

Nel 1978, il cardinale Ballestrero autorizzò lo STURP (*Shroud of Turin Research Project*) a effettuare alcuni esperimenti: lo studioso Walter McCrone, sulla base di osservazioni microscopiche e chimiche del campione prelevato, rilevò la presenza di *pigmenti*: ocra rossa, cinabro e ossido di ferro (con cui si facevano le matite "sanguigne" usate nel Medioevo per creare l'effetto sfumato).

I TRE GRANDI INCENDI
Dove sono visibili i danni del fuoco?

Nel corso della sua storia, almeno tre gravi incendi hanno messo in pericolo la Sindone, secondo quanto attestano le analisi sul tessuto.

Dal 1353, anno a cui risalgono le prime testimonianze storiografiche certe, sappiamo che il sacro lino aveva vagato per varie zone della Francia fino ai confini del regno dei Savoia. E, infatti, fra il 1476 e il 1502 si hanno notizie di ostensioni in diversi luoghi: Pinerolo, Vercelli, Torino.

Questo continuo girovagare non era sicuro per la conservazione. Si pensò di trovare una sistemazione stabile, anche perché gli stessi Savoia avevano avviato le procedure per ottenere un riconoscimento liturgico della reliquia. Con una solenne cerimonia, l'11 giugno 1502, la Sindone venne trasferita nella Cappella Ducale del Castello di Chambéry, anche in seguito alla promulgazione della bolla di papa Giulio II che concedeva l'approvazione pontificia al culto pubblico.

Trent'anni dopo, la notte fra il 3 e il 4 dicembre 1532, scoppiò un incendio nella cappella. L'argento arroventato della teca danneggiò gravemente il lenzuolo: alcune gocce di metallo fuso attraversarono i diversi strati della tela ripiegata più volte, provocando fori triangolari visibili ancora oggi lungo le due strisce scure parallele che corrono lungo tutta la Sindone.

Come documentato da una copia pittorica – attribuita ad Albrecht Dürer, datata 1516, e oggi conservata a Lierre (Belgio)

– è certo che già un incendio antecedente avesse lasciato alcuni fori rotondi disposti "a L" ai lati del corpo umano impresso.

L'ultimo episodio legato al fuoco è recente. La notte fra venerdì 11 e sabato 12 aprile 1997, poco prima di mezzanotte, forse a causa di un corto circuito, fiamme violente si svilupparono nella cappella della Sindone posta tra la cattedrale di Torino e il Palazzo Reale. Il fuoco si propagò nella cappella barocca progettata da Guarino Guarini e si estese al torrione nord-ovest del palazzo distruggendo quadri e suppellettili. Solo all'alba i vigili del fuoco riuscirono a domare le alte vampate.

La Sindone non fu direttamente colpita, poiché il 24 febbraio 1993 era stata spostata al centro del coro della chiesa, dietro l'altare maggiore, protetta da una struttura di cristallo antiproiettile e antisfondamento. Lo spostamento si era reso indispensabile per consentire lavori ordinari di restauro alle volte della cappella guariniana.

Furono momenti drammatici. La cappella aveva raggiunto i 1000 gradi centigradi e, pur essendo la teca lontana dal fuoco, si decise di rompere il cristallo e di portare in salvo l'icona preziosa, onde evitare i rischi di un crollo o i possibili danni dell'acqua degli idranti.

Un vigile del fuoco, Mario Trematore, colpì ripetutamente la teca antiproiettile con un piccone per estrarre la Sindone e permettere a una volante della polizia di portarla al sicuro in arcivescovado.

Il lunedì successivo, 14 aprile, si fece un esame approfondito alla presenza del cardinale Giovanni Saldarini e di alcuni esperti: il sopralluogo confermò che non c'erano stati danni.

I RESTAURI
Quali interventi si sono resi necessari?

Già si è detto che l'impronta sulla Sindone va scomparendo, perché il tessuto con l'andar del tempo ingiallisce sempre più e si riduce il contrasto fra lo sfondo ocra e i tratti della figura umana. Il tempo, la polvere, il fuoco e l'usura di molte ostensioni hanno deteriorato il lino rendendo improcrastinabili i restauri per evitare ulteriori danni.

Dopo l'incendio del 1532 (vedi n. 6), la Sindone fu consegnata nelle amorevoli mani delle suore clarisse di Chambéry, che rammendarono le bruciature triangolari con rattoppi e cucirono il lenzuolo sopra una lunga "tela d'Olanda" di lino pregiato che fungeva da rinforzo. A seguito dell'incidente, si era sparsa la voce che la notte del fuoco la vera Sindone fosse stata rubata e sostituita con un falso. I Savoia decisero di aprire un'inchiesta ufficiale la cui conclusione certificò le testimonianze di chi aveva sorvegliato il lenzuolo prima, durante e dopo l'incendio. Gli interrogati affermarono che non c'era stata sottrazione dell'originale e per sedare le voci contrastanti, nel 1534, appena terminati i restauri, venne indetta una solenne ostensione.

Non ci furono in seguito altri interventi. Fu solo nel 2002 – per decisione della diocesi di Torino – che, in gran segreto, si procedette a un nuovo "restauro conservativo". I rattoppi delle suore furono sostituiti da rammendi di colore più chiaro, oggi molto evidenti anche a occhio nudo, mentre la tela d'Olanda fu rimossa per applicare una nuova stoffa di sostegno.

Si decise di stirare il lenzuolo con procedura meccanica per togliere le pieghe. La polvere fu eliminata con speciali aspiratori. In seguito alla stiratura, le dimensioni si dilatarono di circa 5 cm in lunghezza e 3 cm in larghezza (vedi n. 4).

Il restauro suscitò molte discussioni e un corale disappunto da parte di studiosi e scienziati, i quali lamentarono come non si fosse colta una preziosa occasione per nuovi studi e per ripetere il test del carbonio 14 (vedi nn. 8, 45, 46). Si riteneva che l'aspirazione del lenzuolo avesse sottratto importanti elementi di studio: tracce di pigmento, polveri e pollini.

Il 22 settembre dello stesso anno, il cardinale di Torino, Severino Poletto, fu costretto a rispondere alle polemiche: «Nessuna decisione è stata presa senza il consenso della Santa Sede. Tutto il materiale asportato è stato catalogato e conservato». La diatriba era nata per iniziativa di un gruppo di sindonologi che denunciavano il mancato coinvolgimento nel restauro degli scienziati dell'Accademia Pontificia.

Togliendo la tela d'Olanda, che da cinquecento anni faceva da supporto, fu possibile fotografare per la prima volta il retro della Sindone e osservare che anche sul rovescio è presente un'immagine, ma molto più sfocata e confusa, percepibile solo in alcune zone. S'intravede una parte del volto e delle mani, ma non si vede nulla in corrispondenza dell'impronta dorsale. Poiché sono visibili alcune tracce dell'immagine dell'Uomo della Sindone anche sul retro si è parlato di "doppia superficialità".

IL PROBLEMA DELLA DATAZIONE
A quale epoca risale?

Abbiamo già detto che tra i reperti pervenuti non è stato ancora ritrovato un esemplare di tessuto del I secolo d.C. completamente compatibile con la Sindone di Torino, ovvero un lenzuolo di lino tessuto "a spina di pesce", con un rapporto ordito-trama di 3 a 1 e filatura "a Z" (vedi n. 3).

Un telo di epoca medievale, risalente al XIV secolo, identico a quello sindonico, è invece custodito al Victoria and Albert Museum di Londra. Il XIV secolo è anche l'epoca che coincide con la datazione rilevata tramite l'esame del carbonio 14. E, infatti, il più celebre studio condotto per stabilire la datazione del telo – per la grande risonanza che ebbe all'epoca sui mezzi d'informazione – fu quello eseguito con la tecnica radiometrica nel 1988 in tre laboratori indipendenti (Oxford, Zurigo e Tucson) e pubblicato sul periodico *Nature*. Il carbonio stabilì che il telo risale – con probabilità del 95% e un'approssimazione di 10 anni in più o in meno – a una data compresa tra il 1260 e il 1390, periodo compatibile con le prime testimonianze storiche certe dell'esistenza della Sindone che risalgono proprio al 1353 (vedi n. 45).

Questa datazione è generalmente accettata dalla comunità scientifica, oltre che da diversi esponenti della Chiesa cattolica per stessa ammissione dell'allora arcivescovo di Torino, il cardinale Anastasio Ballestrero. Molti studiosi e sindonologi hanno però sollevato diverse obiezioni sull'attendibilità del test (vedi n. 46).

Varie altre analisi per capire a che epoca risale la Sindone sono state effettuate esaminando il tessuto, raffrontando i segni sul corpo umano con i ritrovamenti archeologici e numismatici del I secolo d.C., indagando le tracce di colorante, sangue, materiale organico, corpuscoli e pollini.

Lo scienziato americano Raymond Rogers, ad esempio, propose un metodo chimico di datazione della Sindone basato sulla quantità di vanillina presente nel tessuto. Secondo Rogers, la vanillina presente nella lignina di cellulosa del lino si consuma spontaneamente a un ritmo molto lento con il passare dei secoli. In base a uno studio preliminare, pubblicato da Rogers nel 2005, la datazione della Sindone sarebbe compresa all'incirca tra l'anno 1000 a.C. e il 700 d.C. Tuttavia, diversi studiosi hanno fatto notare che la vanillina si consuma molto più velocemente e che la stima di Rogers sarebbe in verità piuttosto imprecisa.

Un altro metodo di datazione è quello basato sul calcolo delle probabilità. Questo metodo assume come ipotesi che il telo sindonico sia un reperto effettivamente correlato a un uomo vissuto in Palestina nel I secolo d.C. Anche in questo caso, però, occorre dire che non si tratta di calcoli statistici nel senso tecnico del termine.

Il problema della datazione del telo sindonico è ancora aperto, poiché si ritiene che possibili contaminazioni di tipo chimico e biologico, avvenute nel corso dei secoli, abbiamo potuto falsare i risultati degli esami spettrometrici, soprattutto la "data radiocarbonica" ottenuta nel 1988.

LA QUESTIONE DELL'AUTENTICITÀ
È davvero il lenzuolo funebre di Gesù?

Gli studi sulla reliquia torinese intersecano un'ampia serie di discipline storico-scientifiche e biblico-teologiche: archeologia, botanica, chimica, medicina legale, esegesi, storia dell'arte, paleografia, numismatica, antropologia, fisica, statistica.

Ogni studioso ha voluto offrire un apporto che potesse aiutare a emettere un verdetto attendibile di autenticità o falsità. Negli ultimi cent'anni il dibattito è stato appassionante, a tratti polemico.

Gli esperti si sono divisi, per lo più seguendo faziosamente convinzioni di parte: da un lato gli studiosi sostenitori della non-autenticità; dall'altro gli esperti cosiddetti "autenticisti".

Una delle tante questioni in campo è l'attendibilità dei test di laboratorio condotti sulla Sindone. Ci si trova disorientati di fronte a risultati che sembrano contraddirsi in modo inconciliabile. Per fare un esempio: c'è chi ritiene che le macchie rosse sul tessuto sindonico siano inequivocabilmente sangue umano, chi invece sostiene si tratti di un residuo di pigmento medievale (vedi nn. 5 e 43). Molta disinformazione è stata fatta sui mass media, a cui si aggiungono denunce, al limite del penale, di casi di falsificazione dei risultati scientifici e di sottrazione di reperti di studio.

Il sito web più completo, d'impronta autenticista, che ospita anche qualche saggio critico è shroud.com. Il sito ufficiale della Chiesa cattolica, molto sintetico, ma piuttosto aggiornato è sindone.org. Il sito freeinquiry.com/skeptic/shroud raccoglie la maggior parte degli studi scettici.

Le posizioni su autenticità e falsità coprono un vasto spettro.

Ricercatori – come il già citato Lombatti (vedi n. 3) – ritengono decisivi due argomenti a favore del "falso medievale": la prova del carbonio 14 (che fa risalire il reperto fra il 1260 e il 1390) e l'assenza di documenti storico-archeologici riferiti alla Sindone prima del XIV secolo. La prima apparizione pubblica comprovata della Sindone avviene, infatti, dodici secoli dopo la morte di Gesù, e da quel momento non se ne perdono più le tracce. Prima di allora non esiste neppure un frammento storiografico che non sia agiografico.

La questione dell'autenticità cominciò a essere dibattuta nella Chiesa già nel XIV secolo. Pierre d'Arcis, vescovo di Troyes, aveva proibito l'ostensione: in un documento inviato all'antipapa Clemente VII, il prelato denunciava un pittore che avrebbe confessato a Henri de Poitiers, vescovo predecessore, di aver realizzato «il dipinto in modo ingegnoso» nel 1350 (vedi n. 24). Il Papa decise comunque di permettere le ostensioni nel 1390, avvertendo tuttavia i fedeli che quello non era il vero sudario di Gesù, ma una pittura fatta «a imitazione». Papa Giulio II, nel 1506, ribaltò la posizione dichiarando legittima la devozione.

In tempi recenti, la Chiesa ha sospeso il giudizio, privilegiando la dimensione del "mistero" e autorizzando il culto come «icona della Passione di Gesù». Alcuni papi hanno espresso il loro personale convincimento sull'autenticità: Pio XI e Giovanni Paolo II, fra gli altri.

LA CONSERVAZIONE
Dov'è custodita oggi la Sindone?

In tempi recenti il problema della conservazione – nei periodi fra un'ostensione e l'altra – indusse gli esperti a progettare due nuove teche: una, di alta protezione, per le ostensioni (utilizzata nel 1998, 2000 e 2010); un'altra, più leggera, per la conservazione ordinaria, che si trova nella cappella del transetto sinistro della cattedrale di Torino, orientata in modo che il lenzuolo non sia visibile.

Fino al 1998 la Sindone veniva arrotolata intorno a un cilindro di legno che veniva posto in una preziosa cassetta cinquecentesca. I due oggetti sono oggi pezzi importanti del Museo della Sindone di Torino (vedi n. 30). Il lino non viene più piegato né arrotolato come in passato, ma riposto completamente disteso in orizzontale nella teca, immerso in argon, un gas inerte che impedisce il proliferare dei batteri e l'ingiallimento del tessuto responsabile della progressiva perdita di nitidezza dell'immagine.

Le due teche hanno le superfici laterali e quella inferiore in lega metallica, mentre la superficie superiore è vetro antiproiettile. Entrambe proteggono dalla luce e mantengono temperatura, umidità e pressione sempre costanti e monitorate.

Le importanti strategie di conservazione garantiscono buone condizioni di mantenimento che permetteranno alle generazioni future di continuare ad ammirare questa immagine misteriosa e unica nel suo genere.

L'IMMAGINE

UN UOMO TORTURATO
C'è un messaggio in quell'immagine?

Il corpo umano nudo che appare sulla Sindone è quello di un maschio adulto longilineo, sulla quarantina, con barba e capelli lunghi.

Sul corpo sono evidenti segni di tortura, di flagellazione e crocifissione coerenti con il racconto evangelico della Passione di Gesù. Durante l'Impero romano, la crocifissione era la pena di morte che veniva comminata agli schiavi, ai sovversivi e agli stranieri e che, in molti casi, veniva preceduta dalla flagellazione.

Si potrebbe anche ammettere che il lenzuolo non sia di Gesù e che sia appartenuto a un altro condannato. Si potrebbe anche accogliere l'ipotesi che l'Uomo della Sindone non sia il Cristo narrato dai vangeli canonici, sebbene la maggior parte dei segni di maltrattamento coincidano con il racconto. Se è vero che l'ipotesi cristologica non potrà mai essere "dimostrata" in modo definitivo, dal momento che le Scritture non ci forniscono elementi di identificazione di Cristo (oggi diremmo una foto segnaletica), secondo molti studiosi la sua attendibilità poggia tuttavia sulla infinitesima improbabilità di qualunque ipotesi alternativa.

A prescindere da queste considerazioni, la contemplazione dell'immagine sindonica impone riflessioni umanissime, che schiudono un grande messaggio.

Bisogna sfuggire dalla tentazione di "fare poesia" di fronte alla Sindone, bisogna sforzarsi di stare davanti alla reliquia senza edulcorare la tragedia, senza esimersi dall'affrontare fino in fondo la realtà del male che rappresenta, senza misconoscerne l'orrore.

È bene non fermarsi, dunque, a guardare solo il volto pacifico e "dormiente" dell'Uomo della Sindone, perché ciò che davvero parla di questa figura è il suo corpo vilipeso nella carne, che ci rimanda alla brutalità dell'uomo, alla sua capacità di infliggere supplizi, caparbiamente e ripetutamente, su un proprio simile. Qualunque sia la nostra fede, quali che siano le nostre convinzioni, la Sindone ha qualcosa di autentico da dirci sulla natura umana. L'appello che questo lenzuolo rivolge a chi lo scruta non è soltanto verticale, di richiamo religioso a una realtà divina. È un appello anche orizzontale, accettabile da tutti, credenti e non credenti: è il grido di un uomo sfregiato, torturato, ucciso.

Sezionare le membra del corpo offeso della Sindone, fissato come un negativo fotografico, significa ritrovare nella pellicola della nostra memoria le membra dei milioni di corpi oltraggiati dell'umanità: le palpebre strappate dei prigionieri della Lubianka, le mani bruciate degli studenti neri di Soweto, le braccia iniettate di batteri dei deportati di Buchenwald, i membri maschili elettrificati dei soldati iracheni di Abu Ghraib, le gambe mutilate dei bambini di Fallujah, i piedi nudi incisi dal ghiaccio dei detenuti della Kolyma.

Chi ha il coraggio della memoria sa che lo scandalo dell'Uomo della Sindone continua tragicamente a riprodursi in mezzo a noi: nelle violenze, nelle torture, nelle brutalità e nelle guerre che ancora infestano tragicamente il nostro pianeta e la nostra povera umanità.

L'ESPRESSIONE DEL VOLTO
Perché l'aspetto composto e sereno?

Gli studiosi dell'Uomo della Sindone hanno descritto quasi unanimemente un volto pacifico e maestoso, notando soprattutto l'espressione enigmatica, che sembra non tradire sofferenza.

I capelli sono lunghi e fluenti quasi fino alle spalle. I baffi pronunciati si ricongiungono con una folta barba.

Lo studioso Pierluigi Baima Bollone, medico legale già docente della Facoltà di Medicina di Torino, ha rilevato sulla fronte 13 colature ematiche e 20 sulla regione occipitale del cranio. I minuscoli rivoli – che per lo scienziato sono inequivocabilmente sangue – scendono da lesioni tondeggianti che paiono causate da punte acuminate. Baima Bollone sostiene che le ferite fanno pensare non a una corona, ma a un casco di spine spinto con violenza sul capo della vittima. Lo studioso – che nel 1981 analizzò le presunte zone ematiche su campioni di fili prelevati nel 1978 – ha avuto modo di notare, sia in un esame *de visu* sia al computer, che su gran parte della calotta cranica vi sono striscioline rosate quasi impercettibili emergenti da sorgenti puntiformi che scendono verso il basso, specie sulla fronte (cfr. P. Baima Bollone, *Sindone. La prova*, Mondadori 1997).

Alcuni critici hanno sostenuto che queste colature sono irrealistiche, perché non hanno impastato né i capelli né il cuoio capelluto generando macchie più ampie e indistinte. Un altro studioso, Frederick Thomas Zugibe, sostiene che il corpo sarebbe stato lavato frettolosamente prima di essere avvolto nel sudario e questo spiegherebbe i capelli puliti (cfr. F. T. Zugibe, *The Cross and the Shroud: A Medical Inquiry into the Crucifixion*, M. Evans & Company 1998).

I sindonologi autenticisti ipotizzano che l'Uomo della Sindone sia stato rapidamente avvolto dopo il supplizio, anche perché il sangue non avrebbe potuto impregnare il tessuto se si fosse coagulato, come accade di norma ai cadaveri feriti dopo breve tempo.

Il telo sindonico non mostra tracce della putrefazione tipica di un cadavere in decomposizione a circa 40 ore dalla morte; gli autenticisti deducono che il corpo disteso si sia "separato" dal telo prima di questo tempo, ma comunque dopo il tempo necessario affinché le macchie di sangue vi s'imprimessero.

Il collo non è visibile sull'impronta frontale, mentre si distingue bene, quasi da sembrare un po' allungato, nell'impronta del dorso. Ciò ha fatto supporre che la testa, nell'istante della morte, si sia piegata in avanti e si sia fermata in tale posizione a causa del *rigor mortis*. La tesi viene però contestata da altri medici, i quali sostengono che la rigidità cadaverica, nell'atto della composizione del cadavere, può essere forzata riportando tutti i muscoli e le parti del corpo alla loro posizione naturale.

A livello del volto si notano tracce di gonfiori sulla fronte, sulle arcate sopraccigliari e sugli zigomi. Il naso rivela una lieve escoriazione. Solo gli occhi, perfettamente chiusi, sono privi di segni di tumefazione. E forse proprio per questo, nell'insieme, il volto presenta un aspetto composto e sereno.

IL COSTATO
Cosa ha provocato la macchia sul torace?

Dell'Uomo della Sindone sorprendono le masse muscolari del petto, assai ben pronunciate. Sul lato destro della cassa toracica si nota una macchia di forma ovale, il cui asse maggiore è lungo circa 4 cm e il minore poco più di 1 cm. Gli studiosi hanno trovato corrispondenza con il racconto dei vangeli canonici e molti hanno dedotto sia una ferita prodotta da una punta di lancia. Il suo asse longitudinale è parallelo al decorso degli archi costali anteriori, all'altezza del quinto spazio intercostale destro.

I margini della macchia sono precisi e lineari, come ci si aspetterebbe da un colpo ben piantato. Dalla presunta ferita si suppone sia sprizzato un fiotto di sangue abbondante e denso, in modo anomalo rispetto a quello che ci si aspetterebbe da un cadavere: infatti, intorno alla macchia, si nota un alone che allarga la chiazza fino a cm 15 x 6. È un alone di debole intensità, che circonda i confini della zona scura. Oltre al sangue – sulla cui reale presenza ancora si dibatte – si suppone sia colato anche un liquido chiaro, forse del siero o forse acqua.

Alla macchia del costato si congiunge la screziatura scura del torace visibile sull'impronta dorsale che si estende da una parte all'altra per tutta la larghezza, forse in corrispondenza di una legatura della Sindone intorno al corpo.

La ferita del costato si collega con l'affascinante storia della Lancia Sacra, una delle più famose reliquie del Sacro Romano Impero e del Medioevo.

La popolarità di questo simbolo religioso si deve alla leggenda della presenza, al suo interno, di un chiodo della Croce di Cristo. È probabile che questa credenza fosse nata nel momento in cui venne inserita una spina nel punto di rottura della lancia.

Studi recenti hanno dimostrato che la lancia venne realizzata tra il VII e l'VIII secolo; si tratta quindi di un importante reperto medievale.

Il mito che avvolgeva la Lancia Sacra trova radici nelle antiche leggende di spade e armi magiche che assicuravano l'invincibilità. La grande narrazione del Graal e di Parsifal, del resto, affonda nella stessa tradizione. Diverso è però il successo della leggenda nei vari paesi.

In Italia la fama della reliquia si amalgamò con quella ben più famosa della Lancia di Longino. Il primo a sostenerne il nesso con la Passione di Cristo fu Gregorio di Tours, nel VI secolo. I vangeli apocrifi e una tradizione popolare millenaria riferiscono che a oltraggiare il corpo senza vita di Gesù fu un centurione romano, Gaio Cassio Longino, soprannominato Longino l'Isaurico, originario della provincia di Isauria, situata nell'attuale Turchia. Secondo la tradizione, la lancia del centurione romano – nel momento in cui l'estremità acuminata entrò in contatto con il sangue del Salvatore – acquistò istantaneamente poteri straordinari.

A differenza della Sacra Sindone, tuttavia, il cui studio e culto sono giunti fino alla modernità, l'interesse per quella lancia che fu simbolo del Sacro Romano Impero non superò l'epoca medievale.

IL POLSO E GLI ARTI
Quali nessi con la crocifissione romana?

L'impronta frontale della Sindone mostra gli avambracci e le mani incrociate sui genitali, la mano sinistra sopra la destra. Gli arti superiori sono flessi: di circa cento gradi il braccio destro e di circa novanta gradi il sinistro. Le spalle appaiono lievemente contratte e sollevate. Si nota un'ecchimosi a livello della scapola sinistra e una ferita sulla spalla destra.

Sul polso sinistro si vede una grande macchia di colore scuro, parrebbe sangue fuoriuscito da una profonda lesione appena retrostante il polso, fra l'ulna e il radio, proprio dove veniva conficcato il chiodo nella crocifissione romana. La mano destra è parzialmente nascosta dall'altra e il rivolo che scorre lungo l'avambraccio destro parrebbe indicare che anche sul polso corrispondente doveva trovarsi un'analoga ferita.

Secondo molti studiosi le lesioni sui polsi dovrebbero essere attribuite a grossi e lunghi chiodi. La cosa strana è che il rivolo di sangue avrebbe dovuto scorrere nell'incavo del braccio, a meno che la vittima non sia stata crocifissa con i palmi delle mani rivolti contro il legno e più in alto rispetto all'asse delle spalle.

Le dita appaiono allungate. I pollici non si vedono.

Secondo il professor Luigi Garlaschelli, già docente di chimica alle Università di Pavia e Milano, la posizione del corpo non appare verosimile a quella di un cadavere: «Le mani sono sovrapposte sul pube, ma in un morto ciò non è possibile, poiché la posizione richiede che i muscoli siano in tensione oppure che le mani siano legate (ma sulla Sindone non c'è traccia di legacci), mentre le braccia rilassate di un cadavere ricadrebbero più giù e le mani si congiungerebbero solo sullo stomaco».

L'immagine dell'Uomo della Sindone non presenta segni di frattura agli arti inferiori. Le gambe appaiono integre, mentre ai condannati venivano spezzate per affrettarne la morte per soffocamento, che altrimenti sarebbe sopravvenuta solo dopo molte ore. Il mancato *crurifragium* è del tutto atipico nella prassi crucifissoria romana.

La crocifissione romana prevedeva: il palo verticale (*crux*, *stipes*, *malus*), il palo trasversale (*patibulum*, *antemna*, *oros*), il paletto di appoggio del corpo (*truncus*). Il *patibulum* era costituito da un palo di grandezza inferiore al palo verticale, sul quale andava a incastrarsi in modo da formare una T.

Veniva infisso sulla croce anche un paletto di legno fra le gambe, su cui il condannato poteva appoggiare il tronco, eseguendo piccoli movimenti, in avanti o lateralmente, con una rotazione degli avambracci, al fine di ritardare la morte e di evitare l'asfissia.

La crocifissione, nel diritto romano, era riservata agli schiavi, ai prigionieri di guerra e ai ribelli nei confronti del potere centrale: chi viaggiava nell'Impero romano fino al IV secolo d.C. poteva vedere per giorni, ai lati delle strade, corpi rimasti appesi alle croci straziati dagli animali predatori e dalla forza degli agenti atmosferici.

In Occidente, all'inizio del IV secolo, l'imperatore Costantino il Grande vietò ai tribunali di condannare alla crocifissione, ma la pratica durò fino al IX secolo.

IL DORSO FLAGELLATO
Fu un *flagrum* a provocare le lesioni?

Sulla Sindone si vedono circa 120 segni distribuiti lungo il dorso che, secondo gli autenticisti, sarebbero stati causati dal *flagrum*, il flagello romano. Si nota, tuttavia, che da nessuno di questi segni scendono tracce o rivoli scuri di sangue, come invece ci si aspetterebbe. Inoltre, gli ipotetici segni del flagello sono disposti in maniera simmetrica e regolare su tutta l'immagine, evento improbabile in una flagellazione reale, e compatibile invece con una rappresentazione pittorica. Le tracce sono, in effetti, disposte "a ventaglio" sia sulla schiena, sia sul petto.

Gli autenticisti osservano che su tutta la superficie del corpo – sia sull'impronta anteriore che su quella posteriore, tanto del tronco quanto dei quattro arti – spicca una quantità di minuscole lesioni dalla struttura caratteristica: hanno l'aspetto tondeggiante, come fossero state provocate da palline legate a un ciuffo di cordicelle.

Le estremità del *flagrum* erano costituite da sfere metalliche collegate tra loro da una strisciolina di cuoio o da una cordicella fino all'impugnatura. Uno strumento del genere era in grado di determinare lesioni cutanee di natura ecchimotica, escoriativa e anche ferite lacero-contuse.

Gli studiosi che riconoscono la flagellazione come causa delle lesioni sostengono che è difficile stabilire con certezza quanti colpi siano stati inferti: ipotizzano da un minimo di 40 a un massimo di 120, facendo anche un po' di confusione fra numero di colpi e numero di lesioni rinvenute. Un flagello romano del I secolo poteva avere anche tre strisce di cuoio che terminavano con altrettante piccole "sfere" di metallo, ma il numero preciso di queste, unito all'incertezza sul numero dei carnefici che attuarono la flagellazione, ne rende impossibile la quantificazione. La quantità dei colpi sembra essere stata assai superiore a ciò che era consentito dalla legge ebraica del tempo: 39 al massimo. Bisogna considerare il fatto che i romani non avevano limitazioni di sorta sul numero delle fustigate e che questo tipo di supplizio non veniva inflitto ai cittadini romani.

La distribuzione delle frustate è questione ancora dibattuta. Alcuni storici autenticisti ritengono che la flagellazione fu eseguita con il corpo del condannato ritto in piedi, appeso a un palo per le braccia. Questo è ragionevole, dal momento che non si osservano lesioni sugli avambracci. Certamente l'Uomo della Sindone in quel momento era nudo, poiché non appare risparmiata né la cute della bassa schiena né quella delle regioni glutee.

È probabile che la flagellazione fosse stata ordinata come prima severa punizione, poiché denota un particolare accanimento da parte dei carnefici.

Le flagellazioni venivano spesso perpetrate sui condannati alla croce al fine di ridurre le energie e accelerare l'arrivo della morte: le ferite, infatti, dissanguavano il prigioniero. Per alcuni reati molto gravi (tradimento, omicidio), questa pena pre-crocifissione non veniva applicata per acuire e prolungare l'agonia del condannato.

L'IPOTESI DEL *RIGOR MORTIS*
Perché quella posizione innaturale del corpo?

Nel volume *Il mistero della Sindone* (Priuli & Verlucca 2006), l'anatomopatologo Pierluigi Baima Bollone ha sostenuto che la figura impressa corrisponde a quella di un corpo irrigidito dal *rigor mortis*: «La struttura somatica è fissata in una posizione del tutto innaturale... Il lenzuolo fu teso a ponte sul cadavere irrigidito nell'atteggiamento, assunto sulla croce, di lieve flessione del capo, delle ginocchia e dei piedi».

Secondo altri studiosi il *rigor mortis* non giustifica l'innaturalità, poiché se i muscoli di un cadavere vengono forzati, questi si rilassano (vedi anche n. 14).

Inoltre, le mani sovrapposte sul pube sono un'anomalia, poiché la disposizione richiederebbe che i muscoli siano in tensione oppure che le mani siano legate, ma non c'è traccia di legacci. Le braccia rilassate di un cadavere dovrebbero ricadere più giù e le mani potrebbero congiungersi solo sullo sterno.

La tesi autenticista sostiene che Cristo restò sulla croce fino al tramonto. Ora, ammessa la morte violenta già da diverse ore, il *rigor mortis* doveva pervadere il corpo e si ipotizza che il condannato sia stato calato a braccia aperte. Poiché non lo si poteva trasportare in quella condizione, i sostenitori della tesi suppongono una forzatura sul posto degli arti superiori in adduzione sovrapubica. Una procedura difficile anzitutto perché il *rigor*, così vinto, essendo ancora in fase iniziale, si doveva ristabilire sollecitamente nella nuova posizione per poi raggiungere il suo acme nell'arco di circa sette ore.

LA STATURA E LE PROPORZIONI
Quanto è alto l'Uomo della Sindone?

Sul lenzuolo s'intravedono le due immagini – frontale e dorsale – di un corpo umano nudo maschile, longilineo, con le mani incrociate sul pube, che si suppone alto circa m 1,75-1,80. Su queste misure ci sono discussioni ancora in corso.

Ognuna delle immagini pare essere la proiezione verticale di una figura umana, e non quella che si otterrebbe stendendo un lenzuolo a contatto con una salma distesa. Se così fosse, il volto apparirebbe assai più dilatato per l'effetto definito "maschera di Agamennone". In sostanza, l'immagine non ha quelle deformazioni che si creano nel contatto tra un corpo e una tela.

Le due impronte appartengono quasi certamente al medesimo soggetto. Hanno una conformazione anatomica simile, sono accostate capo-contro-capo e separate da uno "spazio epicranico" di circa 18 cm. L'impronta frontale misura m 1,96, mentre quella dorsale è più lunga di 6 cm. Questa differenza è dovuta – come abbiamo visto – all'innaturalezza della posizione della salma, che presenta una flessione del capo, delle ginocchia e dei piedi all'indietro (vedi n. 16). Nell'impronta anteriore, il collo e i piedi non sono visibili, mentre in quella posteriore si osserva una nuca allungata e la pianta dei piedi. La differente impronta fra un piede e l'altro e la mancanza di specifici punti fissi di riferimento (la base dei piedi e il vertice della testa) rende difficoltosa la rilevazione dell'altezza precisa dell'Uomo della Sindone, che rimane un calcolo impossibile.

18
LE PRIME FOTOGRAFIE
Cosa rivelò il negativo?

Secondo Pia, l'uomo che per primo fotografò la Sindone, restò profondamente colpito la sera del 25 maggio 1898 quando nella sua camera oscura vide, per la prima volta nella storia, i negativi che mostravano uno sconcertante contrasto bianco-nero. Sulle pellicole apparve un'immagine che presentava i chiaroscuri completamente invertiti, oltre ovviamente la trasposizione spaziale che scambia la parte destra con la sinistra.

L'avvenimento sollevò l'interesse della comunità scientifica e riaccese il dibattito sull'autenticità, tutt'oggi non concluso.

Fotografare la Sindone non fu affatto facile. Il lenzuolo doveva essere illuminato da due fari elettrici, una novità assoluta per l'epoca. La vera incognita per il fotografo era capire come avrebbe reagito l'emulsione a quella luce del tutto innaturale.

Pia ebbe l'idea di anteporre ai fari due vetri smerigliati, in modo da diffondere e uniformare il getto luminoso.

Nel pomeriggio del 25 maggio impressionò le lastre di prova. Lo sviluppo delle prime due fu sufficiente al fotografo per comprendere appieno l'importanza del suo lavoro.

Così lo stesso Pia descrive la sua scoperta, in una memoria inviata, in francese, ad Arthur Loth che la pubblicò in un suo articolo del 1907 intitolato *La photographie du Saint Suaire de Turin*: «Esposi due lastre cm 50x60, una con posa di 14 minuti e l'altra con posa di 20 minuti, usando un obiettivo Voigtländer con diaframma da due millimetri. Anteposi all'obiettivo un filtro giallo molto chiaro usando lastre ortocromatiche di marca Edward sviluppate in una normale soluzione di ossalato ferroso, senza alcuna speciale preparazione chimica che potesse in qualche modo alterare l'abituale risultato dello sviluppo. Chiuso in camera oscura, tutto intento al mio lavoro, ho provato una fortissima emozione quando, durante lo sviluppo, ho visto per la prima volta apparire sulla lastra il sacro volto».

Un assistente di Pia, che lo attendeva fuori dalla camera oscura, racconta così l'evento: «Stringeva con le mani la grande lastra ancora gocciolante di fissativo. Fattoglisi incontro restammo colpiti dalla strana espressione del suo volto. Abbassò gli occhi sulla lastra e vide. Non riuscivamo a staccare lo sguardo da quell'immagine negativa meravigliosa che per loro esperienza fotografica doveva essere in negativo e invece... Fu il Pia a rompere per primo il silenzio e a dire in dialetto: "Varda, Carlin, se sossì a l'è nen un miràcol!"» (Guarda, Carlino, se questo non è un miracolo!).

Sulla facciata della casa torinese dove Secondo Pia sviluppò le prime lastre, si possono ancora oggi leggere queste parole su una lapide: «In questa casa, il 25 maggio 1898, l'avv. Secondo Pia sviluppò la prima fotografia della Sindone. Qui accorsero, richiamati dalla sorprendente rivelazione del negativo fotografico, autorità e studiosi per rendere omaggio alla grande capacità dell'instancabile e disinteressato fotografo del Piemonte e della Sindone. Il 25 maggio 1998 la Confraternita del Santissimo Sudario di Torino pose questo ricordo».

LA FORMAZIONE DELL'IMPRONTA
Una figura "impressa" o "proiettata"?

Le tesi non soprannaturali sulla formazione dell'immagine sono molteplici e tutte passibili di antitesi.

La prima teoria è quella del *dipinto*. Sono state trovate tracce di pigmenti: ocra rossa, cinabro e ossido di ferro. Alcuni studiosi muovono obiezioni alla tesi: l'ossido di ferro è quello dell'emoglobina del sangue; e poi l'immagine, a meno di un metro di distanza, appare sfocata e non si può dipingere ciò che non si vede; infine, non vi è segno evidente di pennellatura.

La seconda teoria è quella di una primitiva *tecnica fotografica* a opera di falsari che avrebbero impresso sul lenzuolo un modello appositamente realizzato. Alcuni azzardano sia stato Leonardo Da Vinci (vedi n. 80), altri un certo Mujadin bar Allawi, vissuto in Palestina fra 1286 e il 1350.

La terza teoria è quella del *contatto diretto*. Vi fu chi provò con un bassorilievo spalmato di aloe e mirra avvolto in un lenzuolo. I risultati furono insoddisfacenti: l'immagine appariva deformata, risultavano solo le parti a contatto e l'impronta con il tempo spariva. Con una statua riscaldata si ottenne un'impronta indelebile molto simile a quella della Sindone, ma anche così le differenze erano decisive: mentre l'impronta sindonica è del tutto superficiale (penetra solo due o tre fibrille di lino), la strinatura trapassa il telo. Inoltre, la Sindone sottoposta all'ultravioletto non emette fluorescenza, diversamente dall'immagine ottenuta col calore. Con un cadavere, si ottenne la verosimiglianza anatomica, ma non si evitarono le altre obiezioni.

Si è fatta strada recentemente la teoria *vaporografica*, che è in grado di spiegare la completezza della figura. Infatti, anche le parti non a contatto, emanando vapori, impressionano la tela. Sarebbero vapori di umidità corporea che avrebbe reagito chimicamente con l'aloe e la mirra sparsi sul lenzuolo.

La teoria della *bruciatura* o *strinatura* ottiene l'effetto Sindone esponendo una tela a calore radiante. Il calore deve essere molto rapido e intenso per bruciare solo la superficie delle fibre di lino. Gli scienziati parlano di un'improvvisa vampata di calore valutabile in milionesimi di secondo. Il risultato è una disidratazione delle fibre e il loro ingiallimento. La teoria della strinatura è fra le più accreditate.

Un'altra affascinante ipotesi è quella delle *radiazioni*. L'atomica di Hiroshima proiettò sui muri e sull'asfalto i profili delle vittime. Alcuni ricercatori, presso il Centro ENEA di Frascati, hanno impressionato del lino mediante irraggiamento con il laser: i loro studi concludono che un fugace e intenso lampo di radiazione direzionale VUV (Vacuum Ultraviolet) può colorare un tessuto di lino in modo da riprodurre molte delle peculiari caratteristiche dell'immagine sindonica. I risultati sono stati riassunti in un rapporto reso pubblico nel 2011.

Gli esiti di queste diverse prove e speculazioni sono comparabili solo parzialmente: nessun esperimento ha ottenuto un'immagine che presenti contemporaneamente tutte le caratteristiche proprie della Sindone.

L'UOMO DELLA SINDONE
Chi è?

La Sindone è un *unicum*. Anche ritenendo inaccettabili tutte le teorie che suppongono l'artefatto (vedi n. 19), non esiste una prova assoluta dell'autenticità della Sindone di Torino: ovvero che quello sia il telo che ha avvolto il corpo morto di Gesù di Nazaret.

Il cadavere potrebbe anche essere stato quello di una persona diversa da Gesù e neppure necessariamente vissuta nel I secolo. L'identificazione con Gesù appare invece necessaria se si assume che l'immagine si sia formata a causa di un evento di origine soprannaturale: in questo caso la Sindone potrebbe essere addirittura la prova della Risurrezione.

Le tracce della Passione che vi appaiono sono assolutamente coerenti con il racconto del Calvario, anzi coincidenti a tal punto che viaggia sul filo dell'irragionevole sostenere la probabilità che la Sindone non abbia avvolto il corpo di Cristo, ma quello di uno sconosciuto, però anch'esso crocifisso allo stesso modo e nella stessa epoca.

Nel 1976, alcuni scienziati americani sottoposero le fotografie della Sindone a "valorizzazione computerizzata" e "analisi elettronica". I procedimenti – già utilizzati sugli scatti trasmessi dai veicoli spaziali – avevano lo scopo di ricavare il maggior numero di informazioni dalle fotografie. La prospettiva tridimensionale portò alla luce nuovi elementi.

Il 3D dell'Uomo della Sindone ha permesso di verificare, dal punto di vista informatico, la corrispondenza – sostenuta da molti storici dell'arte – tra il volto sindonico e i tanti volti dell'iconografia cristiana (vedi n. 51).

Alcune delle più note e importanti rappresentazioni del Nazareno, a partire dal VI secolo, sono state comparate con l'immagine tridimensionale.

Le icone prese in considerazione sono state: il Cristo del *Mandylion* (VI secolo), il Cristo della chiesa di Santa Sofia a Salonicco (VII secolo), il Cristo Pantocratore a Dafni (XI secolo), il Cristo benedicente del duomo di Monreale (XII secolo), il Cristo di Meliore di Jacopo Toscano (XIII secolo) e il Cristo del Monastero di Chilandari sul Monte Athos (XIII secolo).

Il confronto per sovrapposizione dei vari volti di Cristo evidenzia l'esistenza di lineamenti comuni, che fanno pensare che l'immagine di Cristo possa essersi tramandata nei secoli.

I risultati ottenuti evidenziano un altissimo numero di punti di congruenza, tali da far ritenere molto probabile l'ipotesi che il volto dell'Uomo della Sindone sia stato il prototipo al quale l'iconografia cristiana ha potuto ispirarsi almeno a partire dal VI secolo. In sostanza, la comparazione con l'iconografia di Cristo può essere messa in relazione con l'ipotesi che la Sindone sia stata osservata già in epoca precedente al Medioevo.

La Sindone rappresenta una reliquia emozionante, perché comunque la si pensi è impossibile contemplare quel sudario senza sentirsi attraversare al tempo stesso da un brivido e da un dubbio; il brivido di chi scorge l'immagine di uomo crocifisso, passato quindi per atroci sofferenze, e il dubbio che quell'uomo, in fondo, possa essere proprio Gesù di Nazaret.

LA STORIA

LA STORIA

FRA STORIA E PRE-STORIA
Quali notizie dal I secolo al Medioevo?

La Sindone di Torino fa la sua prima apparizione storicamente documentata nel 1353 (vedi n. 23). Sulle vicende antecedenti – la cosiddetta pre-storia – vi sono diverse narrazioni, ma senza testimonianze certe.

Gli studiosi che sostengono la teoria dell'artefatto affermano che esso non esistesse prima del Medioevo e, a suffragio di questa tesi, pongono il risultato del carbonio 14 che data il reperto tra il 1260 e il 1390 (vedi n. 45). Alcuni autenticisti, che rifiutano queste conclusioni scientifiche, fanno risalire la vicenda sindonica alla Palestina del I secolo proponendo l'ipotesi che il telo sia da identificare con il *Mandylion*: un fazzoletto con impresso il volto di Cristo.

Secondo la ricostruzione, le prime comunità giudeo-cristiane si preoccuparono di conservare il lino funebre, di cui si accenna nei vangeli, come ricordo della Passione di Gesù (vedi n. 82). Durante le persecuzioni fu tenuto nascosto, ma in seguito, nel VI secolo, sarebbe stato portato nella città di Edessa e poi, nel 944, trasferito a Costantinopoli. Nel 1204, dopo il saccheggio della città da parte dei cavalieri della Quarta Crociata, del *Mandylion* si persero però tutte le tracce.

Un'icona del X secolo, oggi nel monastero di Santa Caterina al Sinai, ritrae Abgar, il re di Edessa, con il *Mandylion*. La leggenda narra di una corrispondenza epistolare fra Gesù e il re Abgar V. Il re malato aveva chiesto l'intervento di Gesù per la propria guarigione e con la risposta desiderava ottenere anche un ritratto del Cristo.

Il messaggero-pittore, non riuscendo a fissare i lineamenti del Maestro in uno schizzo, ricevette da Gesù un asciugamano di lino doppio, piegato quattro volte (*tetràdiplon* in greco), con cui il Salvatore si era asciugato il sudore imprimendo l'immagine del proprio volto.

Il termine *tetràdiplon* ha incuriosito gli studiosi al punto da far sorgere la "teoria di Edessa", che identificava il *Mandylion* con la Sindone ripiegata in quattro. Nel 944 l'arcidiacono Gregorio affermava che l'immagine del *Mandylion* era acheropita (non fatta da mani umane). Inoltre, sebbene le più antiche testimonianze descrivano il fazzoletto di dimensioni ridotte sul quale era visibile il solo volto, a partire dalla sua comparsa a Costantinopoli si cominciò a parlare di una figura più grande.

A contraddire questa ipotesi ci sono alcuni cataloghi, risalenti all'anno Mille, che a proposito delle reliquie della corte imperiale bizantina mettono in elenco sia una sindone sia il *Mandylion*.

Altri documenti dicono che una sindone fu mostrata nel 1147 a re Luigi VII di Francia e nel 1171 a re Amalrico I di Gerusalemme. Gli ultimi riferimenti pre-storici – che smontano la "teoria di Edessa" – si devono a Roberto di Clary, cronista della Quarta Crociata: egli scrive che, prima della conquista di Costantinopoli (12 aprile 1204), una sindone con la figura del Servo Sofferente veniva esposta ogni venerdì nella chiesa di Santa Maria delle Blacherne (la chiesa fu distrutta nel 1434), mentre il *Mandylion* era conservato in un vaso d'oro in un altro luogo della città (vedi anche n. 73).

Fonti antiche accennano al velo funebre del Cristo citato dai vangeli canonici (vedi n. 82), ma non ci dicono con certezza se si trattasse della Sindone oggi conservata a Torino.

Nella *Catechesi* XIV, Cirillo di Gerusalemme (IV secolo) fa cenno «ai lini della sepoltura, coi quali fu avvolto il Cristo, giacenti dopo la risurrezione con le fasce sepolcrali e il sudario che lasciò risorgendo» (XIV, 22). Nella *Catechesi* XX precisa: «Vera la morte di Cristo, vera la separazione della sua anima dal suo corpo, vera anche la sepoltura del suo santo corpo avvolto in un candido lenzuolo» (XX, 7). Le catechesi si riferiscono quindi alla sindone evangelica, ma non vi è alcun cenno a un'immagine impressa sui tessuti.

Nel VII secolo il vescovo di Saragozza, nella lettera 42 all'abate Tajo, cita i lini e il sudario evangelico, ipotizzando che questo sia stato conservato dagli apostoli. Anche in questo caso non si parla di una raffigurazione umana.

Nell'opera *De locis sanctis*, scritta dal monaco Adamnano di Iona nel 698, è raccontato il pellegrinaggio del monaco e vescovo Arculfo compiuto a Gerusalemme attorno al 670. Il pellegrino descrive il ritrovamento del sudario di Cristo, «quello che era stato posto sul suo capo nel sepolcro». Secondo il resoconto di Arculfo – fra agiografia e leggenda – il sudario era stato prelevato dal sepolcro da un anonimo giudeo ed era stato tramandato come patrimonio di famiglia. Tre anni prima, nel 667, era sorta una disputa sul possesso del cimelio. Il califfo omayyade, Mu'awiya ibn Abi Sufyan, aveva chiamato i due gruppi di contendenti, e per mettere fine alla diatriba aveva buttato in un braciere il lino, ma questo era rimasto sospeso tra le fiamme volando poi di fronte a uno dei pretendenti. Il lino era custodito in uno scrigno e venerato dal popolo, Arculfo stesso l'aveva baciato. Misurava «quasi otto piedi in lunghezza», cioè circa m 2,30, mentre la Sindone di Torino è lunga quasi il doppio. Arculfo non accenna a un'immagine impressa sul telo. Alcuni filologi sostengono che il sudario venerato da Arculfo sarebbe la reliquia poi venerata in Francia come il *santo sudario di Compiègne*, poi distrutto durante la rivoluzione francese (vedi n. 37).

Al sudario di Gesù si riferirebbe anche un passo del rito mozarabico del VI secolo: «*Ad monumentum Petrus cum Johanne concurrit; recentiaque in linteaminibus defuncti et resurgentis vestigia cernit*»; il termine *vestigia* va inteso come "traccia" o "immagine".

Papa Stefano II (752-757) scrisse che la figura del volto e dell'intero corpo di Gesù era stata «divinamente trasferita» sul lenzuolo. Non è però possibile affermare con certezza che si trattasse dello stesso lenzuolo che oggi si trova a Torino.

Lo storico americano Jack Markwardt ha avanzato l'ipotesi che la Sindone sia stata conservata nei primi secoli ad Antiochia, forse portata dallo stesso Pietro e tenuta nascosta nei primi tempi a causa delle persecuzioni. Sarebbe stata trasferita a Edessa solo nel 540, quando Antiochia fu assediata dai Persiani di Cosroe.

L'EPOCA MEDIEVALE
Dai Templari ai Savoia?

Come già si è detto, alla Sindone di Torino non si può attribuire una storiografia precedente la metà del XIV secolo. Sono infatti databili fra il 1353 e il 1390 i primi documenti che riferiscono di una sindone che è certamente la stessa oggi conservata a Torino. Ciò è provato perché da allora vi è continuità di notizie e iconografia.

Nel 1314 i cavalieri Templari vengono accusati di adorare in segreto un Volto – il Bafometto – che pare essere o riprodurre quello della Sindone (vedi n. 72). Uno di questi cavalieri, Goffredo de Charny, fornisce nel 1353 la prima notizia certa riferita alla Sindone torinese: il 20 giugno di quell'anno dichiara di aver fatto costruire una chiesa nella cittadina di Lirey, donando alla stessa il lenzuolo che avrebbe avvolto il corpo di Gesù. Egli però non spiega come ne sia venuto in possesso.

Nel 1355 la Sindone è esposta tutta distesa dai canonici. È la prima ostensione documentata della storia.

Nel 1389 il memoriale del vescovo di Troyes, Pierre d'Arcis, definisce la Sindone un dipinto e ne proibisce l'ostensione. Il vescovo, nella cui diocesi si trova Lirey, tra la fine del 1389 e l'inizio del 1390 invia un lungo memoriale all'antipapa di Avignone Clemente VII nel quale ricostruisce i fatti che l'hanno portato a opporsi ai canonici di Lirey sulla questione dell'autenticità. In questo documento si parla di un pittore che avrebbe confessato a Henri de Poitiers, vescovo predecessore di Pierre, di aver rea-

lizzato lui stesso la Sindone negli anni Cinquanta del Trecento.
Il 6 gennaio 1390 l'antipapa Clemente VII definisce la sindone di Lirey «un dipinto fatto a imitazione del sudario di nostro Signore», concedendo comunque, qualche mese dopo, il culto e indulgenze speciali per i pellegrini in visita (vedi anche n. 24).

Nel 1418, durante la Guerra dei Cent'anni, Margherita de Charny (figlia di Goffredo), con il marito Humbert de la Roche, ritira tutte le reliquie dalla chiesa di Lirey, tra cui la Sindone, rilasciando relativa ricevuta. Al termine della guerra, Margherita restituisce tutto a eccezione della Sindone e inizia a organizzare ostensioni in giro per l'Europa lucrando ingenti quantità di denaro. La Sindone diventa un "business". Il vescovo di Chimay (una delle città toccate da Margherita) apre un'inchiesta al termine della quale la nobildonna è costretta a produrre le bolle papali che dichiaravano la Sindone una semplice raffigurazione. Espulsa dalla città, il 22 marzo 1453, Margherita decide di vendere il sacro lino ad Anna di Lusignano, moglie del duca Ludovico II di Savoia, che la custodirà nella chiesa di Chambéry, capitale del ducato sabaudo. Per la vendita e le precedenti ostensioni non autorizzate Margherita sarà scomunicata.

Il 6 febbraio 1464 Ludovico II assegna una pensione annuale ai canonici di Lirey per la perdita della Sindone. È il primo atto con cui i Savoia dichiarano di possedere il sacro velo.

Nel 1473 il teologo Francesco della Rovere nel suo trattato *Del corpo e del sangue di Cristo* indica nella Sindone il vero sudario di Cristo.

IL MEMORIALE D'ARCIS
Perché denunciava la falsità del lenzuolo?

La questione dell'autenticità della Sindone di Torino fu molto dibattuta fin dai primi giorni della sua comparsa ufficiale sulla ribalta della storia (vedi n. 9).

Il memoriale di Pierre d'Arcis, vescovo di Troyes, inviato a Clemente VII, antipapa ad Avignone, cita la Sindone comparsa nel 1353 a Lirey (vedi n. 23) e ne denuncia la falsità mettendo in evidenza gli scopi di lucro.

Ecco di seguito i passi salienti del suo *Memorandum* datato 1389, redatto in francese, che lo storico del cristianesimo Ulysse Chevalier, canonico di Santa Romana Chiesa, trovò e pubblicò in appendice a suoi studi apparsi tra 1900 e il 1903: «Santo Padre, da poco nella diocesi di Troyes, il decano della chiesa collegiata di Lirey, coscientemente e malvagiamente, mosso dal fuoco dell'avarizia e della cupidigia, non per devozione ma per interesse, si è procurato per la sua chiesa *un panno dipinto con un artificio, nel quale in modo ingegnoso era dipinta l'immagine doppia di un uomo*, cioè sia dalla parte anteriore sia dalla parte posteriore, asserendo falsamente e facendo finta di credere che quello fosse proprio il sudario nel quale il nostro Salvatore Gesù Cristo era stato avvolto nel sepolcro e sul quale era rimasta impressa l'effigie intera, con le ferite che aveva riportato. Questo fatto fu divulgato non solo per il regno di Francia, ma quasi per tutto il mondo, a tal punto che accorrevano folle da ogni dove. Per imbrogliare le folle ed estorcer loro molto denaro in modo ingegnoso, facevano finta, mentendo, che lì avvenissero miracoli ad alcuni uomini, che erano stati assoldati a pagamento, i quali fingevano di essere guariti durante l'ostensione del sudario, che tutti credevano essere il Sudario del Signore.

Informato di ciò, il defunto Henri de Poitiers, di ottima memoria, allora vescovo di Troyes, persuaso e spinto da tante persone sagge, si premurò di investigare con sollecitudine sulla verità di questo fatto, come era suo dovere per il potere di vescovo ordinario. Molti teologi e altre assennate persone asserivano che quello in realtà non poteva essere il Sudario del Signore, dato che di questa immagine impressa il santo vangelo non faceva nessuna menzione...

Infine, procedendo con diligenza nel prendere informazioni, finalmente *scoprì la frode e in che modo quel panno era stato dipinto tramite un artificio, e fu comprovato, anche per mezzo dell'artigiano che l'aveva dipinto, che era opera di un uomo e non miracolosamente prodotto o pervenuto.* Perciò, dopo essersi consigliato a lungo con molti uomini di giudizio, sia teologi sia giuristi, decise che non doveva e non poteva tralasciare questo fatto o far finta di nulla e iniziò a procedere d'autorità contro il decano e i suoi complici, per estirpare l'errore. Costoro, vedendo scoperta la loro malizia, nascosero e fecero sparire il panno in modo tale che non poté essere trovato dal vescovo ordinario. In seguito lo tennero costantemente nascosto per 34 anni circa, fino a quest'anno».

L'EPOCA MODERNA
Come arrivò la Sindone a Torino?

Come si è detto, Margherita de Charny, messa alle strette, decise di vendere il lenzuolo ad Anna di Lusignano, moglie del duca Ludovico II di Savoia, il quale prese in custodia la Sindone (vedi n. 23).

L'11 giugno 1502 Filiberto II di Savoia deposita il telo nella Chapelle du Saint-Suaire fatta costruire a fianco del castello ducale di Chambéry.

In un documento del 1503 Antoine Lalaing sostiene che la Sindone è stata sottoposta alla "prova del fuoco" per provarne l'autenticità, ma non si è potuto cancellare né rimuoverne l'immagine.

Il 9 maggio 1506, papa Giulio II autorizza il culto fissandone la ricorrenza festiva il 4 maggio. Nella notte tra il 3 e 4 dicembre 1532 la Sindone è danneggiata da un grave incendio. Tra il 15 aprile e il 2 maggio dell'anno successivo le suore clarisse di Chambéry la riparano (vedi nn. 6 e 7) e nel maggio 1536 è nuovamente esposta alla contemplazione dei fedeli dalle mura del Castello Sforzesco di Milano.

Durante un'altra ostensione, il 18 novembre 1553, il maresciallo di Francia Carlo Brissac espugna Vercelli e cerca di impossessarsi della Sindone che viene portata in salvo dal canonico Antonio Costa (vedi n. 39).

Il 19 settembre 1578 il duca Emanuele Filiberto, che aveva spostato a Torino la capitale del ducato, vi trasferisce anche la Sindone. Vent'anni dopo nasce la Confraternita del Santo Sudario (vedi n. 92).

Nel 1625 Antoon van Dyck vede il Sacro Lino e dipinge il crocifisso con i chiodi infissi nei polsi e non nel palmo delle mani.

Guarino Guarini, nel 1667, è incaricato di progettare ed erigere la cupola della Cappella della Sindone di Torino, iniziata da Amedeo di Castellamonte, e situata tra la cattedrale e il Palazzo Reale. La Sindone verrà esposta nel 1685 nella Cappella dei Santi Stefano e Caterina del duomo di Torino, da dove sarà poi traslata in quella completata dal Guarini.

Il beato Sebastiano Valfré, nel giugno 1694, esegue riparazioni sulla Sindone sostituendo il telo applicato dalle clarisse di Chambéry con uno di seta nera (vedi n. 93).

Le guerre mettono in pericolo il lino in più di un'occasione: nel 1706 la città è assediata dai francesi e la Sindone viene trasferita a Genova. Durante la seconda guerra mondiale – dal 1939 al 1946 – sarà segretamente nascosta all'interno dell'abbazia di Montevergine, in Campania, per proteggerla dai bombardamenti e sottrarla a Hitler, che ne era ossessionato (vedi n. 27).

Nel 1983 Umberto II di Savoia, ultimo re d'Italia, morendo lascia la Sindone in eredità a papa Giovanni Paolo II, il quale stabilisce che essa rimanga a Torino delegandone la custodia all'arcivescovo della diocesi.

Nel 2009 viene nuovamente sollevata la questione della proprietà: secondo il costituzionalista Francesco Margiotta Broglio, con l'entrata in vigore della Costituzione repubblicana la Sindone diventava proprietà dello Stato italiano. In realtà, la Santa Sede ne ha acquisito prerogativa esclusiva per usucapione, essendo trascorso il termine di legge senza che lo Stato ne abbia reclamato la proprietà.

SAN CARLO BORROMEO
Per lui si spostò la Sindone?

Quando la folla dei pellegrini, nei primi anni del Cinquecento, accorreva a vedere la Sindone dei Savoia gridava a gran voce: «Misericordia!».

Accadde anche quando, nel 1578, il duca Emanuele Filiberto fece trasferire la Sindone da Chambéry a Torino per favorire il cardinale Carlo Borromeo, che aveva intrapreso un pellegrinaggio a piedi, da Milano, per venerarla. Le fatiche del viaggio e le cerimonie liturgiche furono raccontate in un resoconto dettagliato del gesuita Francesco Adorno.

La reliquia fu stesa in tutta la sua lunghezza dal cardinale e da quattro vescovi sopra una loggia, allestita proprio di fronte al palazzo ducale, per essere mostrata a «una gran moltitudine d'huomini et donne», che «vedendo il sacro Sudario, gridavano con gran devotione: Misericordia!».

La Sindone fu poi trasferita nella cattedrale, dove si tenne la cerimonia delle "Quarant'ore": il cardinale e altri ecclesiastici si avvicendarono, ogni ora, tenendo una predica alla moltitudine di fedeli delle parrocchie e confraternite che giungevano in processione.

Agostino Cusano, che accompagnava Carlo Borromeo, sottolinea una significativa coincidenza simbolica: si fece «l'oratione delle 40 hore continue giorno e notte conforme al tempo che il nostro Salvatore stette involto e sepolto in quella Sindone».

Il giorno dopo il duca – avendo saputo che molti suoi sudditi valdesi erano venuti dalle valli di Perosa e di Luserna per vedere il cardinal Borromeo – volle che si prolungasse l'ostensione e l'orazione delle "Quarant'ore" con altri sermoni «per vedere se si fosse potuto fare qualche acquisto nella conversione di quei popoli e il cardinale nostro continuò a ragionare per spacio di quasi due hore, con silentio et attentione grande e mirabile in tanto concorso».

Ci furono in quei giorni anche ostensioni private. Adorno racconta che una sera la Sindone fu mostrata in modo riservato ai membri della famiglia del cardinale: questi con «singolar reverenza et humiltà stava a piedi della sacra imagine, di dove mai si mosse fin che non fu riposta». Altre cronache dell'epoca rendono conto dell'impatto che l'immagine impressa sulla Sindone ebbe su coloro che lo accompagnarono. Agostino Cusano annotava che «la figura tutta è assai oscurata, et come di un'ombra nera o come di primo abbozzo di pittura che hora si vede, hora non si vede, e genera maggior desio e diligenza di rivederla meglio».

Nel 1582, di ritorno dal terzo pellegrinaggio alla Sindone, il Borromeo si raccolse per qualche giorno in preghiera, a pochi giorni dalla morte, sul monte di Varallo, dove pensava anche a una riforma di quelle cappelle votive per farne un più adeguato strumento di catechesi e di meditazione. Il "pellegrinaggio supplementare" del cardinale da Torino a Varallo era frequente anche fra i semplici fedeli: alcuni di loro – dopo essersi recati a prendere la «perdonanza di Piemonte», cioè l'indulgenza concessa dal Papa per l'ostensione della Sindone nel 1585 – lasciarono traccia del loro passaggio in un graffito nella cappella della Crocifissione.

L'OMBRA DI HITLER
I nazisti volevano rubare il sacro lino?

Per tutta la seconda guerra mondiale la Sindone fu nascosta nell'abbazia di Montevergine, in Campania, non solo per metterla al riparo dai bombardamenti, ma – si racconta – per sottrarla ai nazisti. Davvero i soldati del Terzo Reich volevano rubarla? Le notizie sono frammentarie. Si tratta di un vero e proprio giallo storico.

Il trasferimento del sacro lino è documentato: fu portato in gran segreto nel '39 e restò sotto l'altare della cripta fino al '45. I frati non ne seppero mai nulla, solo l'abate e il suo vicario ne erano a conoscenza. Quando il lenzuolo tornò a Torino, l'arcivescovo cardinal Fossati pubblicò sulla *Rivista Diocesana* una lettera ai fedeli in cui diceva che era stato giusto celarlo «perché l'invasore si affrettò a chiederne notizia».

Queste poche informazioni sono sufficienti per immaginare una caccia alla Sindone da parte di Hitler? Per saperlo occorre seguire il percorso del lenzuolo di quei giorni.

Allo scoppio della guerra, la Sindone fu trasferita al Quirinale, nella cappella di Guido Reni. Poi il re Vittorio Emanuele III chiese al Papa di trovarle un rifugio Oltretevere, ma Pio XII non si sentiva al riparo dalle minacce naziste. Fu così che monsignor Giovanni Battista Montini, allora Sostituto della Segreteria di Stato, si attivò per Montevergine.

Nel '43 i tedeschi fecero irruzione nell'abbazia, ma i monaci in preghiera impedirono di fatto una perquisizione approfondita.

C'è chi sostiene che i nazisti non stessero cercando la Sindone e che quella fosse solo un'incursione come tante altre.

Gli studiosi del cosiddetto "nazismo magico" hanno più volte descritto in saggi e romanzi come le SS ambissero a impossessarsi dei più noti simboli del potere spirituale dell'umanità. Si è molto ricamato intorno alle tendenze esoteriche di Hitler, e ne sono nate leggende. La più nota è quella della già ricordata "lancia di Longino" (vedi n. 13), che secondo la tradizione aveva ferito il costato di Cristo ed era conservata a Vienna nel tesoro imperiale. Hitler la fece trasferire a Norimberga. Venne recuperata dal generale Patton. Quando si racconta questa storia, non si deve però dimenticare che i nazisti portarono via tutto il tesoro, e non solo la lancia.

Altrettanto celebre è la narrazione della ricerca spasmodica del Sacro Graal, il calice che avrebbe accolto, secondo la tradizione cavalleresca, il sangue della crocifissione. La parte più esoterica del nazismo, che faceva capo a Heinrich Himmler, la mente delle SS, era in effetti interessata all'argomento. E quando un giovane filologo, Otto Rahn, cominciò a scrivere d'improbabili reliquie bibliche e paleocristiane, il gerarca lo prese sotto la sua protezione. L'avventura ebbe un tragico epilogo nel '39 con il suicidio dello studioso, prigioniero di un gioco più grande di lui in una rete di ricostruzioni contraddittorie intorno a materie occulte, trame di guerra e spionaggio.

In base a queste poche notizie non sapremo mai se Himmler e i suoi mastini avessero fiutato la pista di Montevergine. Se così fosse stato, la Sindone avrebbe fatto una brutta fine.

LE OSTENSIONI
Si può ricostruire la cronologia?

È possibile fare una ricostruzione parziale delle ostensioni. Di seguito riportiamo quelle documentate:

1355 – A Lirey per volere di Giovanna de Vergy. È la prima ostensione documentata della storia.

1418 e segg. – Margherita de Charny (figlia di Goffredo II) col marito Humbert de la Roche ritira tutte le reliquie dalla chiesa di Lirey, tra cui la Sindone, e organizza ostensioni non autorizzate in giro per l'Europa a scopo di lucro. Verrà scomunicata.

1536 – Al Castello Sforzesco di Milano.

1553 – A Vercelli dopo la cacciata dei francesi.

1556 – A Vercelli in occasione della visita del duca Emanuele Filiberto e di sua moglie.

1578 – A Torino alla presenza del cardinale di Milano Carlo Borromeo, giunto a piedi in pellegrinaggio.

1582 – Per il terzo pellegrinaggio a piedi di Carlo Borromeo.

1585 – Per il matrimonio di Carlo Emanuele I con l'Infante Caterina d'Austria.

1586 – Per il battesimo di Filippo Emanuele.

1587 – Per il battesimo di Vittorio Amedeo.

1604 – Ostensione.

1613 – Ostensione.

1620 – Per le nozze del duca Vittorio Amedeo con Cristina di Francia.

1623 – Presieduta dal Cardinale di Savoia. San Francesco di Sales toglie la reliquia dalla cassa e la presenta al popolo.

1625 – Per l'anniversario delle nozze di Vittorio Amedeo II con Cristina di Francia.

1639 – Ostensione a cui assiste santa Giovanna Francesca Fremyot, baronessa di Chantal, sollecitata dalla Corte a fondare in Torino un monastero della Visitazione.

1642 – Per celebrare la pace di famiglia, che pone fine alle guerre intestine.

1661 – Ostensione.

1663 – Per le nozze del duca Carlo Emanuele II con Francesca d'Orléans.

1664 – Per il passaggio a Torino del Padre Domenico da San Tommaso.

1665 – Per il secondo matrimonio del duca Carlo Emanuele II con Maria Giovanna Battista di Nemours.

1668 – Ostensione.

1672 – Ostensione.

1674 – Voluta dal duca Carlo Emanuele II

per solennizzare la devozione alla Sindone.

1683 – Ostensione.

1685 – Per il matrimonio del duca Vittorio Amedeo II con Anna d'Orléans.

1694 – Per il trasporto della Sindone nella nuova cappella del Guarini.

1706 – Per il ritorno da Genova del lenzuolo dopo l'assedio di Torino.

1717 – Ostensione.

1720 – Per celebrare l'unione della Sardegna agli Stati Sabaudi.

1722 – Per le nozze del principe Carlo Emanuele III con Anna Cristina Luigia di Sulzbach.

1724 – Per il secondo matrimonio di Carlo Emanuele III con Polissena d'Assia.

1730 – Per la nascita della principessa Maria Felicita.

1735 – Ostensione.

1736 – Per celebrare il contratto nuziale del re Carlo Emanuele III con la moglie Elisabetta Teresa.

1750 – Per le nozze di Vittorio Amedeo III con Clotilde di Francia.

1769 – Per la venuta a Torino dell'imperatore Giuseppe II.

1775 – Per le nozze del Principe di Piemonte Carlo Emanuele IV con Maria Anna Clotilde.

1785 – Ostensione.

1798 – Ostensione privata di Carlo Emanuele IV per invocare forza nella tragedia del crollo degli Stati Sabaudi.

1799 – Per ordine dell'arcivescovo di Torino mons. Carlo Luigi Buronzo nominato Custode della Reliquia.

1804 – Ostensione privata a Torino per Pio VII che si recava a Parigi per incoronare Napoleone.

1814 – Per il ritorno di Vittorio Emanuele I in Piemonte in favore del quale Carlo Emanuele IV aveva abdicato.

1815 – Per il ritorno di Pio VII dalla prigionia di Fontainebleau.

1822 – Per l'ascesa al trono di Carlo Felice.

1842 – Per il matrimonio di Vittorio Emanuele II con Maria Adelaide.

1868 – Per le nozze di Umberto I con la principessa Margherita.

1898 – Per l'Esposizione di Arte Sacra.

1931 – Per le nozze di Umberto II con Maria José del Belgio.

1933 – Per desiderio del pontefice Pio XI di celebrare l'Anno Santo.

1939-1946 – Segretamente trasferita nel santuario di Montevergine presso Avellino. Prima di riportarla a Torino, venne fatta un'ostensione privata riservata ai religiosi del convento.

1973 – Prima ostensione televisiva in diretta.

1978 – Per il IV centenario del trasporto della Sacra Sindone da Chambéry a Torino.

1980 – Ostensione privata per il papa Giovanni Paolo II.

1998 - Per celebrare il centenario della prima fotografia fatta alla Sindone da Secondo Pia.

2000 – Per festeggiare l'Anno Giubilare del Millennio.

2010 – Prima ostensione dopo l'importante intervento conservativo del 2002.

2013 – Ostensione televisiva.

2015 – Per il bicentenario di san Giovanni Bosco.

L'EPOCA MEDIATICA
Quale rapporto con la post-modernità?

Dopo le due guerre mondiali, la Sindone entra da protagonista nel Novecento e giunge ai nostri giorni supportata dai più moderni mezzi di comunicazione.

Nel 1931 il telo viene esposto a Torino, in duomo, in occasione delle nozze tra il principe Umberto II di Savoia e la principessa Maria José. Durante l'ostensione, è fotografato da Giuseppe Enrie, che lo riprende fuori dalla cornice ai piedi dell'altare. Dopo Secondo Pia, Enrie è il secondo fotografo a fare scatti al sacro lino.

Le prime foto a colori risalgono al giugno 1969, riprese nella cappella del Crocifisso, dove la Sindone era stata messa a disposizione di una commissione di studio incaricata di effettuare una ricognizione sul telo.

Il 23 novembre 1973, la prima ostensione televisiva in diretta porta la Sindone nelle case di milioni di persone. Viene esposta verticalmente nel Salone degli Svizzeri del Palazzo Reale di Torino. Paolo VI, in quella occasione, scrisse al cardinale arcivescovo di Torino, Michele Pellegrino: «Qualunque sia il giudizio storico e scientifico che valenti studiosi vorranno esprimere circa questa sorprendente e misteriosa reliquia, non possiamo esimerci dal fare voti che essa valga a condurre non solo a un'assorta osservazione sensibile dei lineamenti esteriori e mortali della meravigliosa figura del Salvatore, ma possa altresì introdurli in una più penetrante visione del suo recondito e affascinante mistero».

Nel 1978, durante l'ostensione solenne in occasione del quarto centenario del trasferimento da Chambéry a Torino, il lenzuolo rimane sopra l'altare maggiore del duomo dal 26 agosto all'8 ottobre. È la prima ostensione pubblica dopo la seconda guerra mondiale. Giungono, da tutto il mondo, quasi tre milioni di pellegrini.

Giovanni Paolo II, nel 1980, ha il privilegio di un'ostensione privata e pare che già allora pensasse al Giubileo del 2000.

Nel 1998 sono stati 2 milioni e 400 mila i fedeli che hanno varcato in 57 giorni – dal 18 aprile al 14 giugno – le porte del duomo torinese per vedere la Sindone. È stata la prima ostensione dell'era Internet. Oltre 100 mila contatti (per l'epoca tantissimi) sul sito ufficiale: uno spazio web con centinaia di immagini e testi tradotti in quattro lingue.

L'ostensione del 2000 è stata la più lunga della storia recente. Iniziata il 12 agosto, si è conclusa il 22 ottobre e ha avuto le caratteristiche del pellegrinaggio giubilare.

Quella del 2010 è stata la prima ostensione del Terzo millennio. Papa Benedetto XVI si è recato a venerare la Sindone il 2 maggio. Il telo veniva mostrato per la prima volta in pubblico dopo i complessi interventi di restauro conservativo del 2002.

Nel 2013 l'ostensione televisiva in mondovisione si tiene in duomo: la Chiesa invita a riflettere sulla Passione con un videomessaggio di papa Francesco.

Nel 2015 l'ostensione – da domenica 19 aprile a mercoledì 24 giugno – avviene in concomitanza con il bicentenario della nascita di don Bosco.

IL MUSEO DELLA SINDONE
Che cosa espone?

Il Museo della Sindone è stato fondato nel 1936 dalla Confraternita del Santissimo Sudario (vedi n. 92). La sede – in via San Domenico 28 – si trova nella cripta della chiesa del Santo Sudario di Torino.

Nel museo è raccolto tutto ciò che documenta la storia del sacro lino dalla seconda metà del Quattrocento, quando divenne proprietà dei Savoia.

Reperti, oggetti, libri, documenti, stampe e dipinti, testimoniano e illustrano le pubbliche ostensioni. Oggetti di particolare significato sono la cassetta utilizzata per il trasporto della Sindone a Torino nel 1578 e quella d'argento che l'ha conservata dalla fine del 1500 al 1998.

Il museo offre un'informazione ampia sulle ricerche sindonologiche, dalle prime riproduzioni fotografiche, da cui presero il via le indagini scientifiche, fino ai più recenti risultati. Propone vari percorsi: scientifico, storico-artistico, multimediale e per non vedenti.

Il *percorso scientifico* propone la storia della ricerca sperimentale iniziata circa un secolo fa, nel 1898.

Il *percorso storico* offre una traccia della storia (quella ipotetica e quella certa) della Sindone e della sua venerazione.

Il *percorso multimediale* permette di meglio comprendere, tramite un approccio visivo, l'evolversi delle analisi svolte sull'immagine tramite i sistemi informatici.

Il museo è dotato di un *percorso per non vedenti*, frutto della collaborazione con l'Unione Italiana Ciechi, che insieme all'editore Zamorani ha pubblicato il libro *Toccare la Sindone*, in nero e in braille.

LA GEOGRAFIA

LA GEOGRAFIA

L'IPOTESI PALESTINA
Che cos'è la "pista botanica"?

L'origine palestinese del telo sindonico sembrerebbe avvalorata dalla cosiddetta "pista botanica".

Nel 2010 è uscito il libro di Avinoam Danin – professore emerito dell'Università Ebraica di Gerusalemme ed esperto di flora desertica israeliana – intitolato *Botany of the Shroud: The Story of Floral Images on the Shroud of Turin* (Danin Publishing 2010). Il botanico ebreo è famoso per aver scoperto specie di piante mai rinvenute prima in Israele, sul Sinai e in Giordania. Il suo lavoro certosino ha permesso la creazione di una banca dati da cui si è potuta ricavare una mappa fito-geografica di Israele.

Di religione ebraica, lo studioso ha dichiarato di non essere interessato a un eventuale significato religioso della Sindone. Danin ha raccolto i risultati del lavoro di quattordici anni di studio: come altri studiosi, anche lui e i suoi collaboratori hanno rilevato resine e pollini sia di piante sia di fiori, a suo dire «un tappeto quasi omogeneo» di più di trecento corolle di fiori poste ordinatamente intorno al capo dell'Uomo della Sindone. Secondo gli studi di Danin, l'unico luogo al mondo in cui queste corolle sono presenti – tutte insieme – è una ristretta area tra Gerusalemme e Gerico. I fiori sarebbero stati usati per coprire con i loro profumi l'odore della decomposizione.

Molte di queste specie corrispondono a quelle dei pollini identificati da Max Frei, botanico e direttore della polizia scientifica di Zurigo che scoprì i pollini della Palestina messianica.

IL SUDARIO DI GERUSALEMME
Quali differenze con la Sindone?

Nel 2010 è stato ritrovato negli scavi di una tomba, a Gerusa-lemme Est, un sudario di lana risalente all'epoca di Gesù. L'ha scovato una squadra internazionale di archeologi nel "Campo del Sangue" che, secondo il racconto evangelico, fu comprato da Giuda Iscariota coi trenta denari del tradimento. Il reperto, studiato col radiocarbonio e attraverso un'approfondita analisi sperimentale, ha rivelato particolari interessanti resi noti sul periodico *PloS One*, la prestigiosa rivista scientifica della Public Library americana: «Le parti di lenzuolo ritrovate, appartenenti a un sudario usato per seppellire le salme ai tempi di Cristo, mo-strano per la prima volta che a Gerusalemme questi manufatti avevano un tessuto a trama molto semplice, "a S", ottenuta con l'intreccio di due soli fili» (vedi anche n. 3). La dimostrazione, secondo la squadra di esaminatori, sarebbe che la Sacra Sindone è un falso: «L'ordito della Sindone, molto più complesso e con più fili, fu introdotto solo in epoca successiva».

I ricercatori – israeliani, americani e canadesi della Hebrew University, di Sanford, dell'University College, della New Haven University di Londra, dell'Università del North Carolina e della Lakehead University – hanno individuato il "Campo del San-gue" e l'antico cimitero di Gerusalemme, in aramaico *Akeldamà*, a partire dal racconto di Matteo e degli Atti degli Apostoli. La tomba è spuntata vicino a quella di Hannah, il sommo sacerdote del Sinedrio che secondo il Vangelo consegnò Gesù ai Romani.

Apparterrebbe a un aristocratico, forse un altro sacerdote, sepolto a una notevole distanza dagli altri e probabilmente malato di lebbra.

I frammenti di sudario furono filati a mano. Ed è proprio sulla questione della tessitura che si apre la controversia.

A differenza della Sindone – che ha una torcitura "a Z" e una trama a spina di pesce, tipiche della Grecia o comunque usate in epoca medievale – il sudario di Gerusalemme è d'una tessitura molto elementare, come si usava nella Palestina dei primi secoli dopo Cristo.

Sono almeno quattro i resti di stoffa sepolcrale dell'epoca di Gesù trovati negli ultimi decenni a Gerusalemme e dintorni. Nel 1998, nello stesso "Campo del Sangue", era stato rinvenuto un telo funebre (conosciuto come *sindone di Akeldamà*, vedi anche n. 3) che molti archeologi considerano una prova della non-autenticità della Sindone di Torino: il lenzuolo risultava separato rispetto al fazzoletto che, secondo la pratica dell'epoca, serviva ad avvolgere il solo viso per non ostacolare i risvegli dal coma.

La scoperta è di quelle che faranno ancora discutere. Come hanno fatto discutere altri ritrovamenti archeologici nella Città Santa. Tante religioni, tante sensibilità, tanta ricerca di identità. Spesso «l'archeologia diventa uno strumento della politica», come usava ripetere padre Michele Piccirillo, francescano e archeologo, uno dei più accreditati studiosi di storia mediorientale, scomparso nel 2008.

IL RIFUGIO DI ANTIOCHIA
I cristiani perseguitati nascosero la Sindone?

Lo storico americano Jack Markwardt, in una conferenza intitolata *Antioch and the Shroud* (1998), ha azzardato l'ipotesi che la Sindone sia stata conservata in segreto nei primi secoli ad Antiochia, forse portata dallo stesso Pietro – secondo la tradizione, primo vescovo della città – e tenuta nascosta, in un primo tempo, a causa delle persecuzioni, e poi a motivo delle dispute tra cristiani ortodossi, ariani e monofisiti. Sarebbe stata trasferita a Edessa solo nel 540, quando Antiochia fu assediata dai Persiani di Cosroe.

Secondo lo studioso, le reliquie più preziose della Passione, messe in salvo da Gerusalemme a Pella, furono portate ad Antiochia di Siria in seguito alla fuga di una parte dei perseguitati. Esisteva, infatti, una piccola comunità cristiana che si era messa in salvo in quella città a causa del sanguinoso accanimento dei giudei di Gerusalemme fin dal tempo del martirio di santo Stefano.

Antiochia era una delle più influenti città del mondo antico. Lì, grazie agli apostoli Paolo e Barnaba, la religione di Cristo si affrancò definitivamente dal giudaismo e i seguaci di Gesù, per la prima volta, assunsero il nome di *cristiani*.

Nel giro di pochi anni, la comunità di Antiochia crebbe di fedeli e venne a occupare una posizione preminente tra le chiese d'Oriente, ma dovette subire per molto tempo le vessazioni condotte a ritmo intermittente dai vari imperatori e, assai più spesso, dai governatori romani sotto la pressione dei tumulti anticristiani.

Esisteva però a sud-est di Antiochia, nella Mesopotamia settentrionale, un regno fuori della giurisdizione imperiale, ove il cristianesimo veniva praticato liberamente: il regno di Osroene,
con capitale Edessa. Le leggende narrano che in questo piccolo
Paese, di lingua e cultura siriaca, interposto tra gli imperi romano e persiano, il cristianesimo fosse divenuto religione di
Stato dopo la conversione del re Abgar IX (179-216). Certo è che
in quella città il cristianesimo non era perseguitato da tempo,
poiché una basilica cristiana esisteva già alla fine del II secolo.
Venne distrutta durante l'alluvione del 201, per lo straripamen-
to del fiume Daisan. Della città rimase memoria nella cronaca
locale e nei ritrovamenti: lo scrittore e vescovo Eusebio di Cesarea (265-340 circa), che fu consigliere e biografo dell'imperatore
romano Costantino I, racconta che già al tempo della disputa
pasquale esistevano diversi vescovi nel regno di Osroene e documenti siriaci riportano la consacrazione del vescovo Palout di
Edessa, per volere di Serapion d'Antiochia, avvenuta all'inizio
del III secolo.
È pertanto ragionevole pensare che, in occasione di una delle
ricorrenti persecuzioni, il telo funebre che aveva avvolto Gesù
di Nazaret, la più importante reliquia in possesso dei cristiani
d'Antiochia, sia stata trasferita a Edessa.
Bisogna aggiungere che Luca, l'unico degli evangelisti che non
fosse giudeo, era nato quasi certamente ad Antiochia e che il
vangelo di Matteo fu scritto in questa città.

LA PISTA ARMENA
Ci sono tracce di un passaggio nel Caucaso?

A proposito del *Mandylion* (vedi nn. 21 e 22), si è fatta strada un'ipotesi suggestiva fra gli storici: il telo con impresso il solo volto di Gesù che gli studiosi autenticisti hanno voluto identificare, almeno come ipotesi, con la Sindone torinese, sarebbe passato per il Caucaso, in Armenia, prima di giungere a Edessa.

La studiosa Marilyn Eordagian ha compiuto una ricerca a Erevan, capitale dell'Armenia moderna. Ha trovato tracce di una tradizione scritta secondo cui il *Dastarak* ("sindone" in lingua armena), o forse il *Varshamak* (volto santo), sarebbe stato per un certo periodo custodito in Armena, nel Monastero di Hovhannavank, un complesso religioso risalente al IV secolo, a 20 chilometri da Etchmiadzin.

La basilica e il monastero sarebbero stati costruiti addirittura da Krikor Lusavoritch, Gregorio l'Illuminatore, il grande evangelizzatore dell'Armenia nel 300 d.C. A Hovhannavank si conservavano varie reliquie: la lancia che trafisse il fianco di Cristo, la mano destra di Gregorio e le reliquie di san Giovanni Battista.

Vartan Vartapet, in uno scritto del XIII secolo, riporta la notizia della presenza del *Dastarak*; una notizia poi ripresa da Arakel Davrijetsi nel 1600. Arakel racconta il saccheggio del monastero da parte dei Turchi e di come furono rubati tutti gli oggetti sacri, fra cui il *Varshamak*. Anche un altro storico del XVIII secolo, dell'ordine Mechitarista, Ghevond Alishan, fa cenno al *Varshamak* e sostiene sia stato sottratto in qualche modo dagli invasori.

Marilyn Eordagian non nasconde però che ci sono perplessità sull'autenticità della notizia, dal momento che Vartan Vartapet e Arakel Davriejetsi in qualche punto della loro storia non sono chiari nelle distinzioni fra *Dastarak* (o *Varshamak*) di Cristo, *Dastarak* (o *Varshamak*) della Madonna e il Velo della Veronica (vedi n. 35).

Vartan Vartapet scrive qualcosa che pare essere un'ulteriore conferma della confusione: «A Edessa, ora la città di Urha, è stata ritrovata la pittura non fatta da mano umana, quella della santa Veronica». Urha è il nome armeno di Edessa (ora Urfa). La Veronica, un'altra denominazione del Volto di Cristo, ha ricevuto talvolta – come nel documento di Vartan – una "personalizzazione" femminile, perdendo la sua identità di "vera icona". La storia si arricchisce di un altro importante dettaglio: infatti Arakel, che scrive nel 1600, dice che il quadro si trova a Roma e a Genova. A Roma nel *Sancta Sanctorum* c'è in effetti un Volto Santo. A Genova, a San Bartolomeo degli Armeni, si può vedere ancora oggi una pittura che si avvicina in modo impressionante al Volto della Sindone. Insomma, tutto ancora una volta sembra ricondurre a Edessa, dove peraltro è esistita per secoli una comunità armena importante.

È comunque difficile, forse impossibile, ricostruire la solidità di queste informazioni, anche perché gli invasori islamici distrussero tutti i manoscritti armeni dei primi cinque secoli, ovvero dalla creazione della lingua scritta fino al IX secolo d.C.

«Beati quelli che pur non avendo visto crederanno!» (*Giovanni* 20,9). Inequivocabili le parole di Gesù, che esortava i discepoli a una fede nuova e matura, lontana dal culto di segni e presagi, slegata dalle superstizioni. I cristiani, tuttavia, per secoli non hanno fatto altro che cercare "segni" che consentissero loro di "vedere" la Passione, "verificare" il mistero della Salvezza, "scommettere" sul Regno dei cieli.

Soprattutto in epoca medievale, si sviluppò una vera e propria caccia agli oggetti che consentissero ai fedeli di "credere vedendo". E alla Sindone si affiancarono moltissime reliquie gemelle.

È il caso del *sudario di Oviedo*, conservato nella cattedrale della città spagnola dal 718 d.C., dopo essere stato trasportato da Gerusalemme attraverso l'Africa settentrionale. Si tratta di un telo di cm 84 x 53 che, secondo la tradizione, fu posto sul capo del Cristo per pochi istanti dopo la deposizione dalla croce. Un tempo troppo breve perché potesse restarvi impresso il volto santo, ma comunque sufficiente a far sì che si impregnasse di sangue. Alcuni studi attestano che le tracce ematiche presenti sulla reliquia spagnola appartengono allo stesso gruppo sanguigno dell'immagine impressa sul panno torinese. L'esame al carbonio 14 di questo telo, tuttavia, lo ha datato intorno al 680. Anche il cristianesimo d'Oriente aveva la sua sindone: si tratta del *Mandylion* di cui abbiamo già ampiamente parlato (vedi n. 21) e di cui si sono perse le tracce.

Il Volto Santo per eccellenza è stato per secoli il cosiddetto *Velo della Veronica*, dal nome della donna che avrebbe asciugato il volto tumefatto di Gesù mentre saliva al Calvario (in realtà la parola *Veronica* deriverebbe, a seguito di una serie di mutazioni fonetiche, dall'espressione "vera icona"). In età medievale, a quanto pare, la reliquia era conservata a Roma, tanto che ne fa persino menzione Dante nel XXXI canto del *Paradiso* (vv. 103-108).

Dopo il 1600 se ne perdono le tracce, per quanto qualcuno sostenga che la reliquia sia quella oggi custodita nel Santuario del Volto Santo a Manoppello, in provincia di Pescara.

L'ultimo mistero è quello della *sindone di Besançon* (vedi anche n. 74), dal nome della cittadina francese che fino al XIV secolo ospitò un telo funebre dalle dimensioni più ridotte rispetto a quello torinese (m 1,2 x 2,6). Il reperto sarebbe giunto nel 1208 da Costantinopoli e alcuni studiosi lo identificano con il *Mandylion*. Nel 1349 scomparve anch'esso a seguito di un incidente, ma nel 1377 i canonici della chiesa madre annunciarono di averlo ritrovato intatto in un armadio. Nel 1794, in pieno Terrore rivoluzionario, se ne perse definitivamente ogni traccia, cosa che generò le più varie interpretazioni. Come quella secondo cui la reliquia di Besançon e quella di Torino sono la stessa Sindone.

È molto probabile che certe dispute interpretative non troveranno mai fine. Almeno fino a quando gli uomini avranno bisogno di "vedere per credere".

IL PANNELLO DI TEMPLECOMBE
Come arrivò il sacro lino in Europa?

Ian Wilson, noto e autorevole storico inglese della Sacra Sindone, adombra l'ipotesi che il sudario sia stato trasportato dall'Oriente in Europa dai cavalieri dell'ordine Templare (vedi nn. 71 e 73). Nel 1954 viene trovato nel villaggio inglese di Templecombe, in una ex commanderia dei Templari, un pannello di legno che reca dipinto un volto simile a quello raffigurato sulla Sindone. E, infatti, molta iconografia collegata ai Templari può essere messa in rapporto al sudario gesuano.

Il leggendario e potentissimo ordine di monaci-guerrieri era all'apice del potere politico ed economico, quando Filippo IV il Bello, re di Francia, fece arrestare tutti i membri e ne decretò lo scioglimento il 13 ottobre 1307.

Accusati di eresia e atti contro natura, i Templari vennero condannati al rogo e spogliati di tutti i loro beni. Dagli atti processuali risulta che i cavalieri adorassero una testa barbuta, il *Baphomet* (Bafometto), assimilabile per alcuni studiosi al Volto della Sindone (vedi n. 72).

L'arrivo della Sindone in Europa tramite i cavalieri Templari non è che un'ipotesi, e sono molti gli studiosi che si oppongono a questa teoria.

La figura di Goffredo de Charny, signore di Lirey, nella Champagne, sembra uscire direttamente da un racconto cavalleresco. È tra le mani di questo eroico cavaliere che la Sindone fa ufficialmente la sua apparizione in Francia. Dopo una vita di avventure, improntate ai più alti ideali della cavalleria medievale, nel 1355 viene incaricato dal re di portare il suo stendardo di battaglia.

Rimane tuttavia un mistero il modo in cui il lenzuolo santo giunse nelle mani dell'eroico vessillifero di Francia. Alcuni storici ritengono potrebbe essere stato un bene di famiglia pervenuto a Goffredo tramite matrimonio o amicizia.

La Sindone avrebbe potuto far parte dei tesori di famiglia; Goffredo de Charny sposò infatti una diretta discendente di Ottone de la Roche, che avrebbe potuto portargli la reliquia in dote. Fu anche grande amico di Gautier IV de Brienne, notabile di Francia e fedele compagno d'armi, anche lui caduto a Poitiers. Se anche non fosse stata materialmente in loro possesso, Gautier IV de Brienne o la stessa consorte potrebbero aver rivelato all'indomito cavaliere il nascondiglio della Sindone in Oriente: questo spiegherebbe il rapido viaggio di Goffredo oltremare nel 1345, fino a Smirne, ufficialmente compiuto al seguito del Delfino. Ecco il possibile anello mancante della catena che, da Atene, porta il sudario direttamente nelle mani di un cavaliere francese del Trecento.

La "pista templare" – fra le altre ipotesi – ritiene che la Sindone sia stata affidata a Goffredo durante un periodo di prigionia in Inghilterra, nel castello di Goodrich. E in Inghilterra sarebbe stata portata da quei cavalieri Templari fuggiti dalla Francia per scampare alla condanna per eresia.

In contrasto con i fitti misteri dei secoli precedenti, la storia "europea" del lino, dopo la riapparizione in mano ai de Charny, è ben documentata a partire dal 1453 (vedi n. 23).

LA SINDONE DI CODOUIN
Ci fu una moltiplicazione di reliquie in Francia?

La Francia del 1300 fu teatro di un vero proliferare di reliquie.

Fra gli esempi documentati si ricordano in particolare: la *sindone di Carcassonne*, un velo di seta datato XI secolo; il *sudario di Cahors*, una cuffia medievale dello stesso secolo; la *sindone di Cadouin*, un telo di m 2,81 x 1,13 con due bande laterali ricamate. Sono reliquie giunte fino a noi. Altre analoghe sono andate distrutte durante la Rivoluzione francese; l'esempio più importante è la *sindone di Compiègne*, che si faceva risalire ai tempi dell'imperatore Carlo II il Calvo. Di altre ancora si sono perse le tracce nei secoli.

Impossibili a contarsi sono i frammenti di sudari, di cui è data notizia negli antichi inventari di reliquie.

I "sacri resti" servivano a dare prestigio e ricchezza al monastero o al paese che li ospitava.

La sindone più popolare in Francia fu quella di Cadouin: l'abbazia e il paese fiorirono grazie a questo cimelio; quando nel 1392 esso fu trasferito a Tolosa, in breve decaddero entrambi. Allorché nel 1463 ritornò a Cadouin, paese e abbazia rinacquero più grandi e più prosperi di prima.

I pellegrini giungevano soprattutto in occasione delle solenni ostensioni per lucrare l'indulgenza plenaria. Con la Rivoluzione francese, anche se la sindone di Cadouin si salvò, il suo culto si ridusse. Nel 1866 si tentò di rilanciarlo, ma nel 1935, quando si scoprì che le bande di abbellimento ricamate recavano scritte inneggianti a Maometto, in kufico, il culto fu drasticamente sospeso.

LIREY E GOFFREDO DE CHARNY
Chi fu il "cavaliere della Sindone"?

Il più volte ricordato Goffredo de Charny (vedi nn. 23 e 36), noto anche come Geoffroy o Geoffroi (1305 circa-19 settembre 1356), fu un cavaliere dell'ordine dei Templari che si dedicò anche alla scrittura di opere sull'arte della guerra e l'etica cavalleresca: giunti fino a noi sono un *Livre de chevalerie* (Libro sulla cavalleria) e *Demandes pour la Joute, les Tournois et la Guerre* (Domande sulla Giostra, i Tornei e la Guerra).

Si ritiene sia stato il primo proprietario conosciuto della Sindone di Torino.

Goffredo era figlio di Giovanni (Jean) de Charny e Margherita de Joinville, figlia di Jean de Joinville, amico e biografo del re di Francia Luigi IX. Nacque probabilmente intorno al 1305. Poco o nulla si sa della sua giovinezza.

Goffredo intraprese la carriera militare ed è attestata la sua partecipazione a diverse battaglie a partire dal 1337. Il 30 settembre 1342 fu catturato dagli inglesi a Morlaix, ma riuscì presto a fuggire. Nel giugno del 1346 combatté a Smirne in una spedizione militare contro i Turchi. Nell'agosto dello stesso anno era di nuovo in Francia: il 2 agosto fu ordinato cavaliere durante l'assedio di Aiguillon.

Negli anni successivi, la carriera di Goffredo raggiunse i massimi livelli: divenne membro del Consiglio del Regno e portatore dello stendardo reale.

Le cronache cavalleresche ci dicono che morì nella battaglia di

Poitiers il 19 settembre 1356, difendendo il re con il proprio corpo. Nel 1353 fondò una chiesa a Lirey, per adempiere a un voto, e fece dono della Sindone ai canonici della chiesa.

Non si sa di preciso come Goffredo fosse venuto in possesso del sacro lino. Potrebbe trattarsi della stessa Sindone che fino al 1204 si conservava a Costantinopoli, e di cui si persero le tracce in quell'anno quando la città fu saccheggiata nel corso della Quarta Crociata (vedi n. 73).

Cruciale, a questo riguardo, sarebbe stabilire chi abbia trafugato il velo funebre di Cristo da Costantinopoli. Le teorie più accreditate attribuiscono il fatto a Ottone de la Roche, uno dei capi della Quarta Crociata, oppure ai Templari. Ottone era infatti un antenato di Giovanna de Vergy, la seconda moglie di Goffredo (si sposarono nel 1340), mentre tra i capi templari giustiziati nel 1314 vi era un omonimo di Goffredo de Charny, probabilmente lo zio.

Secondo altre ipotesi, la Sindone fu donata a Goffredo dal re di Francia in ricompensa dei suoi servigi (lo afferma un documento redatto nel 1525 dai canonici di Lirey), oppure fu da lui ottenuta a Smirne durante la spedizione del 1346.

Non è sicuro che Goffredo fosse vivente quando la Sindone fu esposta a Lirey: le più antiche testimonianze di un'ostensione sono il memoriale del vescovo Pietro d'Arcis, redatto nel 1389, che afferma che la Sindone venne esposta «circa 34 anni prima» (quindi nel 1355, vedi n. 24). Altre fonti ci dicono che il proprietario della Sindone non sia stato in realtà Goffredo, ma la moglie Giovanna (discendente, come si è detto, di Ottone de la Roche).

IL DUOMO DI VERCELLI
Chi fu il prete che si portò a casa la Sindone?

Dal 1543 al 1561 la Sindone fu custodita nel duomo di Vercelli: nel 1553 il canonico Antonio Costa riuscì a sottrarla agli invasori francesi nascondendola a casa propria. È un evento documentato da codici d'archivio custoditi presso il Museo del Tesoro del duomo della piccola diocesi.

Già si è ricordato che la capitale del ducato di Savoia era Chambéry, luogo in cui era stata custodita la Sindone fino al 1536. Il ducato fu occupato quasi completamente dai francesi e i Savoia si spostarono a Vercelli, città che all'epoca era molto ben fortificata. Qui furono trasferiti il Senato, la Corte dei Conti, la Zecca e il tesoro personale del duca, che comprendeva anche la Sacra Sindone.

Nel 1553 i francesi arrivarono fino a Vercelli e, il 18 novembre, la occuparono con un'incursione a sorpresa, saccheggiandola e rubando gli arredi sacri della cattedrale di Sant'Eusebio.

Il canonico del duomo, che a quell'epoca era Antonio Costa di San Giovanni della Porta di Savoia, nascose sotto il suo mantello la cassetta in cui era custodita la Sacra Sindone e la portò in salvo nella sua abitazione.

Il canonico Giovanni Battista Modena, al quale si rifanno posteriormente tutti gli storici locali per l'episodio, racconta così il salvataggio: «Sentendo detta morte li Franzesi che erano in Torino et a Santhià con secreta intelligenza di alcuni traditori alli 20 novembre vennero a Vercelli, e nell'alba del giorno tolsero la città, ma non poterono pigliar la cittadella; anzi perché aueano caminato tutta la notte, che piovea, stracchi, bagnati e gelati non potero far male di rilievo per la città, entrarono però nella Cattedrale per saccheggiare, diceano, le robbe et le ricchezze del Duca, che si credeano fossero nascoste in chiesa o che aueano sue armi, pigliarono un corno d'alicorno che era della Duchessa (e) voleano pigliar il SS.mo Sudario; ma Antonio Costa Savojardo canonico, nel cui canonicato son io coadjutore con futura successione, parlando in francese, mentre gli mostrava, dove era il corno, e le paramenta, sotto l'almuzio pigliò la cas(s) etta del SS.mo Sudario e se la portò a casa, et avendo invitato a pranzo, à supper, alla francese, condusse alcuni principali a casa sua, dove carezzandoli salvò e la casa e 'l SS.mo Sudario, che perciò fu dal Duca Emanuele Filiberto favorito e confermato Tesoriere suo come lo era di suo padre».

In pochi giorni i francesi furono cacciati e, non appena la città fu liberata, la sacra reliquia fu mostrata ai cittadini nella piazza Maggiore di Vercelli (l'attuale piazza Cavour).

Nel 1560 si fece una solenne ostensione, ancora una volta in occasione della visita in città del duca Emanuele Filiberto e di sua moglie. Il luogo dell'ostensione fu il balcone della confraternita di San Nicola situato in piazza Maggiore.

A seguito della pace firmata con il trattato di Cateau-Cambrésis (1559), la corte savoiarda fece ritorno a Chambéry e il 4 giugno 1561 fu riportato lì anche il sacro lenzuolo.

DA CHAMBÉRY A TORINO
Chi sono "I cavalieri della Sindone"?

L'iniziativa "I cavalieri della Sindone", un cammino di fede da Chambéry a Torino, è stata un'importante iniziativa lanciata da un gruppo di appassionati per rievocare, nel 2010, lo storico viaggio dei cavalieri di Emanuele Filiberto di Savoia che trasportarono la Sindone da Chambéry a Torino, al fine di abbreviare il viaggio a san Carlo Borromeo che desiderava venerare la reliquia (vedi n. 26).

In occasione dell'ostensione, i moderni "cavalieri" hanno avuto modo di percorrere a piedi un suggestivo cammino spirituale il cui itinerario, che si snoda attraverso le Alpi, era disegnato sul sentiero che il corteo a cavallo percorse nel 1578.

I "cavalieri" hanno percorso sentieri, strade asfaltate, mulattiere e pascoli lungo un tragitto che ha toccato Montmélian, Saint-Pierre-d'Albigny, Aiguebelle, Saint-Léger, Saint-Jean-de-Maurienne, Pontamafrey, Modane, Saint-André, Bramans, Lanslevillard, e poi in Piemonte Susa, Mattie, Avigliana, Druento, il Parco della Mandria fino al Parco della Pellerina, a Torino.

La camminata italo-francese, così riproposta dopo oltre 400 anni, ha tutte le caratteristiche per entrare a far parte dei percorsi nazionali e internazionali che attirano pellegrini da tutto il mondo. A cavallo, a piedi o in bicicletta, interamente o solo in parte, è possibile ancora oggi attraversare i luoghi che videro il passaggio dei veri cavalieri della Sindone, come l'abbazia di Novalesa, la certosa di Banda, la sacra di San Michele e l'abbazia di Sant'Antonio di Ranverso.

LA SCIENZA

LA SINDONOLOGIA
Che cos'è?

La sindonologia è quell'insieme di discipline storico-scientifiche coinvolte nello studio della Sacra Sindone. In tempi recenti, la ricerca empirica si è concentrata sulle peculiarità fisico-chimiche del lino, sulle modalità di formazione dell'immagine sul tessuto e sul miglior metodo di conservazione.

Il Centro Internazionale di Sindonologia (CIS), con sede a Torino, è un organismo che ha inteso promuovere, coordinare e sviluppare studi, ricerche e iniziative riguardanti la Sindone in Italia e all'estero. Il Centro fu fondato nel 1959 per volontà della Confraternita del Santissimo Sudario di Torino (vedi n. 92); lo statuto fu approvato dal cardinal Maurilio Fossati l'8 dicembre di quell'anno. La sua nascita non è casuale, ma è direttamente collegata al precedente sodalizio denominato *Cultores Sanctae Sindonis*, fondato nel 1936 sempre per volere della Confraternita. L'attività dei *Cultores*, diventata con il tempo assai impegnativa, rese necessaria la creazione del CIS; nello stesso anno di fondazione venne anche lanciata la rivista *Sindon*.

Punto di forza del CIS è la poderosa biblioteca, che raccoglie materiale edito dal XVI secolo. Il Centro custodisce il Fondo Pia, relativo al periodo successivo alla prima fotografia della Sindone (vedi n. 18).

Il CICAP (Comitato Italiano per il Controllo delle Affermazioni sulle Pseudoscienze) ha più volte contestato la dignità di scienza della sindonologia.

Le metodologie per condurre le ricerche sono state varie, anche perché l'indagine sulla Sindone interpella settori diversi della sperimentazione scientifica, ognuno dei quali con specifici protocolli. Il percorso scientifico sul telo sindonico può essere suddiviso essenzialmente in tre fasi storiche.

DAL 1898 AL 1969 – La curiosità degli scienziati si è concentrata sull'esame "a occhio nudo" dell'immagine e del tessuto, spostandosi successivamente su quelle problematiche che sono emerse dalle fotografie di Pia del 1898 e, successivamente, da quelle di Enrie del 1931. In questo primo periodo, si è insistito inoltre sull'analisi delle caratteristiche merceologiche del telo comparandolo con tessuti antichi. La medicina legale ha permesso invece la scansione delle peculiarità anatomiche dell'Uomo della Sindone e le ipotesi sulle presunte ferite, traumi e cause della morte. Infine, lo studio teorico ha consentito di formulare varie teorie – dal punto di vista chimico-fisico – sulla formazione dell'immagine.

DAL 1969 AL 1988 – Nel secondo periodo, alle metodologie precedenti, si è affiancato lo studio diretto su prelievi e campioni del sudario. Ciò è stato possibile grazie all'utilizzo delle nuove tecnologie. Sono state quattro le campagne di analisi e prelievi: nel 1969, nel 1973, nel 1978 e nel 1988.

Mentre gli studi e i prelievi effettuati nel 1969 non condussero a risultati significativi, i prelievi di fibre di stoffa e granuli di polline effettuati nel 1973 hanno decretato altamente probabile la permanenza della Sindone, oltre che in Europa, anche in Palestina e Anatolia.

La più importante ricerca diretta sulla Sindone è stata, senza dubbio, quella condotta al termine dell'ostensione del 1978 quando, dall'8 al 13 ottobre, la Sindone venne esaminata da un'équipe internazionale composta da 44 scienziati che effettuò una serie di esami e di prelievi per un totale di 120 ore.

L'ultima campagna di ricerche è quella del 1988 allorché, dopo una complessa e movimentata preparazione durata circa due anni, furono prelevati dalla Sindone altri campioni di tessuto per sottoporli alla datazione con il metodo del radiocarbonio 14, che diede come risultato una datazione del tessuto compresa tra il 1260 e il 1390 d.C. Queste ricerche furono discusse a lungo negli anni successivi e sono tuttora oggetto di un acceso dibattito tra gli studiosi (vedi nn. 45 e 46).

DOPO IL 1988 – È emerso un campo di studio non nuovo, ma mai seriamente affrontato prima: la metodologia di conservazione della Sindone.

Nel 1992 una commissione internazionale di esperti, appositamente nominata, suggerì che per una conservazione ottimale la Sindone dovesse essere conservata in posizione distesa, piana e orizzontale, in una teca a tenuta stagna dotata di caratteristiche tali da garantire un'alta sicurezza, in assenza di aria e in presenza di un gas inerte, protetta dalla luce e mantenuta in condizioni climatiche costanti (vedi n. 10).

Già si è detto della profonda discordanza fra gli studiosi sulle presunte tracce ematiche presenti sulla Sindone di Torino (vedi n. 5).

I primi esami ematici condotti su due fili di tessuto prelevati dalle macchie furono condotti da Guido Filogamo e Alberto Zina, che fecero parte di una commissione voluta dal cardinale Michele Pellegrino. Le loro conclusioni furono chiare: «L'esame non ha rilevato corpuscoli che possano essere identificati con globuli rossi». Della stessa commissione facevano parte anche Giorgio Frache, Eugenia Mari Rizzati ed Emilio Mari, i quali però si premurarono di precisare: «La risposta negativa fornita dalle analisi condotte non ci permette di dare un giudizio assoluto dell'esclusione della natura ematica del materiale esaminato» (*Relazione conclusiva sulle indagini d'ordine ematologico praticate su materiale prelevato dalla Sindone*, 1973). Sia Frache che Filogamo trovarono dei granuli di materiale colorante.

Nel 1978 il cardinale Anastasio Ballestrero consentì allo STURP (*Shroud of Turin Research Project*) nuove analisi. Furono premute strisce adesive sul tessuto per asportare particelle e furono prelevati alcuni fili. Nel 1980 Walter McCrone, consulente dello STURP, sulla base di osservazioni microscopiche e analisi chimiche, annunciò di aver rinvenuto tracce di ocra rossa, cinabro (solfuro di mercurio, un colorante rosso molto diffuso nel Medioevo) e alizarina (un pigmento rosato di origine vegetale).

Secondo McCrone, i risultati del suo studio proverebbero che la Sindone è un dipinto. Le sue conclusioni furono tuttavia respinte dallo STURP, che espulse McCrone e incaricò due propri membri (John Heller e Alan Adler) di compiere ulteriori indagini.

Heller e Adler individuarono con test chimici e fisici la presenza di emoglobina, albumina e bilirubina. Inoltre, notarono che gli aloni intorno alle macchie di sangue sarebbero composti da siero. Pur ritrovando analoghe sostanze già rinvenute da McCrone (ossido di ferro, cinabro), arrivarono a conclusioni opposte attribuendo la presenza dei pigmenti a contaminazioni successive.

Nel 1982 Pierluigi Baima Bollone, Maria Jorio e Anna Lucia Massaro usarono test immunologici e identificarono il sangue come umano del gruppo AB. Il loro test fu ripetuto (esclusa l'identificazione del gruppo sanguigno) dallo STURP, che ne confermò il risultato.

Un altro studioso, Vittorio Delfino Pesce, notò che gli esami istochimici di Baima Bollone evidenziavano solo tracce di ferro, che lo stesso Baima Bollone aveva attribuito a emoglobina, mentre il ferro non indica univocamente l'emoglobina. Infatti, nell'ocra rossa riscontrata sul telo vi sono tracce di ossido di ferro.

Nel 2008, analisi eseguite per spettrometria hanno rilevato la possibile presenza di pigmenti, ma anche di emoglobina. Giulia Moscardi, che analizzò il tessuto, ritiene che i pigmenti siano da attribuire a contaminazioni successive e che l'ossido di ferro sia il risultato della degradazione dell'emoglobina.

È possibile un profilo genetico dell'Uomo della Sindone?

Come abbiamo visto, secondo alcuni studiosi sono presenti sulla Sindone tracce ematiche di sangue umano maschile del gruppo AB (vedi n. 42), il cui DNA pare essere molto antico.

In realtà, si è accertata una notevole contaminazione tra DNA maschile e femminile (quest'ultimo riferito alle donne che più volte ripararono e rammendarono il tessuto).

Il professor Baima Bollone ha constatato, attraverso studi comparati, che il sangue è dello stesso tipo di quello riscontrato sul *sudario di Oviedo* in Spagna (vedi n. 35), una tela di cm 84 x 53 che presenta numerose macchie di sangue simmetriche. La preziosa stoffa giunse a Oviedo nel IX secolo, in un'Arca Santa di legno con altre reliquie, proveniente dall'Africa settentrionale. Il sangue presente sul sudario spagnolo parrebbe umano, appartenente al gruppo AB e il DNA presenta profili genetici simili a quelli rilevati sulla Sindone, anche se l'esame al carbonio 14 di questo telo lo ha datato al 680 d.C.

«È possibile clonare Gesù utilizzando il DNA presente sulla Sacra Sindone di Torino?». La domanda ha l'aria di pura provocazione più che di un'autentica sfida scientifica. Il biologo americano Leoncio Gaarza-Valdés dell'Università del Texas, autore del libro *Il DNA di Dio*, afferma d'essere riuscito a clonare tre molecole provenienti dal sangue di Gesù. In realtà, gli studi più seri hanno stabilito la sostanziale impossibilità di effettuare una clonazione partendo dagli elementi organici presenti sulla Sindone.

L'ESAME DEL CARBONIO 14
Cosa rivelò?

Fece grande scalpore l'esame eseguito nel 1988 con la tecnica radiometrica del carbonio 14 svolto in tre laboratori indipendenti: Oxford, Zurigo e Tucson (vedi anche n. 8). I tre laboratori furono scelti dalla diocesi di Torino sulla base dell'accreditata esperienza di utilizzo dello "spettrometro di massa". Ogni laboratorio ricevette un campione del peso di 40 mg proveniente da un solo punto del telo.

Ogni operazione di prelevamento dei fili fu filmata. Il confronto tra i risultati dei laboratori fu reso pubblico solo al termine delle prove.

Il prelievo dei campioni fu effettuato il 21 aprile 1988, nella sacrestia del duomo di Torino, da Franco Testore, docente di tecnologia dei tessuti presso il Politecnico di Torino, e da Giovanni Riggi di Numana, microanalista. Il primo effettuò le operazioni di pesatura, mentre il secondo eseguì materialmente il taglio. Furono tagliate delle strisce di circa mm 10 x 70. Contestualmente vennero divisi anche i tre campioni di controllo.

Presenti all'operazione, oltre ai due scienziati, c'erano il cardinale Ballestrero, Luigi Gonella, dell'Accademia Pontificia delle Scienze, e vari esperti dei tre laboratori.

I risultati vennero pubblicati sulla prestigiosa rivista *Nature* nel 1989. I dati perfettamente sovrapponibili, ottenuti da ciascun laboratorio sui tre frammenti dello stesso campione di stoffa, hanno indicato una datazione tra il 1260 e il 1390, con probabilità totale del 95%. Tale periodo include il 1357, che è l'anno della prima apparizione storicamente registrata della reliquia a Lirey, in Francia, in possesso della nobile famiglia de Charny, centocinquanta anni dopo la partecipazione di un antenato della casata alla Quarta Crociata (vedi n. 23).

Questa notizia fu motivo di grandissima soddisfazione per i fautori della teoria del "falso medievale". All'opposto, da parte dei ferventi sostenitori dell'autenticità, ci fu grande delusione per il mancato risultato positivo, ma non da parte dell'allora arcivescovo di Torino, il cardinale Anastasio Ballestrero, che accettò i risultati e li rese pubblici senza alcuna remora dicendo: «Penso non sia il caso di mettere in dubbio i risultati. E nemmeno il caso di rivedere le bucce agli scienziati se il loro responso non quadra con le ragioni del cuore».

I risultati dell'esame fecero grande scalpore ed ebbero una grande risonanza mediatica a livello mondiale. Si aprì un dibattito tra chi sosteneva che la prova del carbonio 14 attestava la falsità della Sindone e chi invece non accettò i risultati criticandoli aspramente.

A questi ultimi si aggiunsero i complottisti, che ipotizzavano una frode intenzionale che mirava a dimostrare la falsità del lenzuolo, una frode alla quale avrebbe partecipato, più o meno consapevolmente, la stessa Chiesa cattolica, la quale avrebbe preferito mantenere un alone di mistero sulla reliquia.

Per spiegare il fallimento della prova cruciale alcuni autenticisti avanzarono varie critiche all'esperimento (vedi n. 46).

Furono avanzate molteplici critiche alla prova del carbonio 14. Alcuni teorizzarono una violazione dei protocolli: inizialmente era stato previsto che partecipassero sette laboratori diversi utilizzando due tecniche differenti, mentre poi vennero scelti tre soli laboratori che usavano la stessa tecnica della spettrometria di massa. Inoltre, si giunse a sospettare che i laboratori di Zurigo, Oxford e Tucson non fossero giunti alla stessa conclusione autonomamente, ma comunicando tra loro, dunque scambiandosi risultati e opinioni.

Il dottor Paolo Di Lazzaro dell'ENEA ha sostenuto che il metodo è generalmente affidabile, anche se nel caso della Sindone i risultati possono essere stati inquinati da diverse contaminazioni: per esempio un arricchimento del carbonio a causa dell'incendio del 1532. Questo fatto fu riconosciuto da Willard Frank Libby, l'inventore della tecnica della datazione al radiocarbonio, il quale definì la Sindone un reperto poco adatto al metodo da lui stesso brevettato.

Harry Gove, il principale coordinatore degli scienziati della prova del carbonio 14, mostrò in uno studio seri dubbi sulla datazione medievale, all'inizio sostenuta da lui con convinzione. E il chimico Raymond Rogers, considerato uno dei maggiori esperti a livello internazionale in analisi termica, individuò, proprio nella zona in cui era stato prelevato il campione, alcune inserzioni di rammendo invisibile con filo di cotone, probabilmente di origine medievale. Quindi affermò: «La data emersa dall'esame al radiocarbonio non è da considerarsi valida per determinare la vera età della Sindone».

Anche il responsabile di uno dei laboratori in cui era stata stabilita la datazione, Christopher Ramsey di Oxford, affermò in un comunicato ufficiale del 2008 che «ci sono molte prove che suggeriscono che la Sindone sia più vecchia della data rilevata al radiocarbonio».

L'inattendibilità della datazione è stata perfino riconosciuta dal leader dell'ateismo scientifico, Richard Dawkins.

L'ultima parola in ordine cronologico è stata pronunciata dalla Società Italiana di Statistica, che ha confermato le conclusioni di alcuni studiosi dell'Università "La Sapienza" di Roma (Livia De Giovanni e Pierluigi Conti), rilevando errori di calcolo e la modificazione di alcuni dati per arrivare al livello di attendibilità dall'1 al 5%, ovvero la soglia minima per poter presentare l'esame con caratteri di scientificità. I ricercatori hanno così concluso: «Le datazioni che sono state prodotte dai tre laboratori non possono essere considerate provenienti da un'unica ignota grandezza ed è quindi probabile la presenza di una contaminazione ambientale sul pezzetto di stoffa che ha agito in modo non uniforme, aggiungendo un effetto di sistema non trascurabile».

Di fatto, oggi, molti sindonologi si dividono in due fazioni: gli "autenticisti a prescindere" e gli "scettici a prescindere", che si fronteggiano in una sorta di guerra ideologica che non porta a una sintesi figlia del rispetto reciproco e della comprensione delle altrui ragioni.

LA PALINOLOGIA E LA NUMISMATICA
Cosa ci dicono queste due scienze?

La palinologia, o scienza dei pollini, iniziò a interessarsi della Sindone quando il professor Max Frei, esperto della polizia criminale di Zurigo, effettuò, tramite l'applicazione di nastri adesivi sulla superficie sindonica, l'asportazione di materiale conservato negli interstizi tra filo e filo (novembre 1973 e ottobre 1978).

Fra i tanti residui asportati, le spore vegetali si rivelarono importanti. Attraverso lo studio di quel materiale al microscopio ottico ordinario e al microscopio a scansione elettronica, Frei individuò (tramite confronto con immagini di pollini conosciuti) i pollini di 58 diverse specie vegetali; sembra che al momento della sua morte improvvisa, egli stesse lavorando all'identificazione di un'altra quindicina di specie. Frei stesso fece viaggi in Israele per approfondire le conoscenze della botanica del luogo; in tempi successivi se ne occuparono anche esperti botanici israeliani (Avinoam Danin e Uri Baruch). Secondo questi studiosi, nessuna delle specie rinvenute è estinta; tutte sono note. Gli studi di Danin e Baruch fecero ipotizzare che la Sindone fosse proveniente da un'area mediterranea. L'indagine palinografica di Frei è molto controversa e altri scienziati del ramo ne negano radicalmente l'attendibilità e i risultati finali. Gli studi di Danin non sono mai stati pubblicati su riviste scientifiche.

Anche la numismatica è notoriamente un utilissimo strumento di datazione nei rinvenimenti archeologici. Le scoperte del teologo padre Francis L. Filas (a partire dal 1954) – che trovò sugli occhi dell'Uomo della Sindone indizi dell'impronta di due diverse monetine di piccolo valore (della famiglia del *lepton*) coniate da Pilato negli anni 29 e 30 dell'era cristiana – assumono grande interesse: esse permetterebbero di datare con una certa verosimiglianza la sepoltura di quel corpo proprio in quegli anni. All'interesse della scoperta non corrisponde però la sua certezza: anche in questo caso la ricerca non è conclusa.

La scoperta è stata ripresa e studiata in modo approfondito anche da Pierluigi Baima Bollone e Nello Balossino nel 1997.

Si fa notare come i rinvenimenti di monete facciano leva sulle foto del 1931, e non su quelle – a più alta definizione – scattate in anni recenti. Inoltre, la definizione minima dell'immagine della Sindone è di mezzo centimetro, per cui non sarebbe possibile identificare particolari così piccoli; le "monete" sarebbero quindi solo frutto d'illusioni ottiche da parte degli osservatori che vedrebbero quello che si aspettano di vedere.

Luigi Gonella (fisico del Politecnico di Torino e consulente scientifico del cardinale Ballestrero) ebbe modo di affermare: «Quella della Sindone è un'immagine il cui dettaglio più piccolo, macchie di sangue escluse, è di mezzo centimetro. Come le labbra. Appare quindi molto, molto incongruente che esistano dei dettagli dell'ordine di decimi di millimetro come le lettere sulle monete. Ma si sa: a forza di ingrandire, si finisce per vedere anche quello che non c'è».

LA TECNOLOGIA INFORMATICA
Quali contributi ha dato alla ricerca?

L'idea di applicare l'informatica all'analisi dell'immagine sindonica è nata in seguito allo sviluppo della tecnologia elettronica, che ha reso possibile la conversione delle immagini in valori numerici. Sono stati elaborati algoritmi che, applicati alle "immagini numeriche", permettono di migliorare o recuperare molte informazioni non immediatamente deducibili dall'osservazione semplice del reperto originale. L'informatica è in grado di fornire contributi decisivi alla ricerca scientifica sulla Sindone, offrendo prospettive e visioni affascinanti mai prima raggiunte.

Le metodologie informatiche permettono di evidenziare caratteristiche in qualche modo già presenti nell'immagine originale, ma non immediatamente visibili alla percezione dell'occhio umano.

Nonostante la Sindone presenti sfumature di colore nella gamma del giallo, occorre notare che le elaborazioni a computer visualizzano immagini declinate principalmente nelle tonalità del grigio, comprese tra il bianco e il nero; lo scopo, infatti, è quello di esaltare il contenuto informativo e non di mantenere l'aspetto della colorazione originaria.

Modificare i livelli di grigio significa influire sul contrasto (cioè la variazione di luminanza) con conseguenti accresciute possibilità di discernere i dettagli.

La sofisticazione informatica permette di applicare filtri fisico-matematici che elaborano la luminosità di un pixel sulla base dei valori di una zona circostante, sfruttando la correlazione esistente fra gli stessi. Le elaborazioni tengono sempre conto della fisiologia della visione. L'occhio umano, infatti, riesce a percepire differenze di luminescenza associate ai particolari, quando questi costituiscano una sostanziale differenza di valore consentendo all'occhio stesso la percezione del contrasto.

Nel caso della Sindone, i problemi da affrontare riguardano l'esaltazione sia dei dettagli sia del comportamento peculiare dell'immagine.

La prima fotografia ufficiale della Sindone, realizzata dall'avvocato Secondo Pia nel 1898 con lastra monocromatica (vedi n. 18), ha messo in evidenza, nello sviluppo negativo, le parti anatomiche che definiscono la sagoma del corpo umano. Le macchie di sangue, scure per loro natura, sono risultate invece "in positivo", cioè più chiare.

La tecnologia digitale ha potuto applicare, inoltre, l'effetto di tridimensionalità alle immagini in negativo. Il risultato è stato davvero sorprendente: si è rivelato al mondo il "volto plastico" e il "fisico statuario" dell'Uomo della Sindone. Si è notato che le impronte, di varia intensità luminosa e sfumata, sono scure in corrispondenza delle zone in rilievo del corpo e chiare nelle altre parti.

L'elaborazione tridimensionale del telo sindonico ha permesso dunque di scovare minuzie inedite. Si è notato che una normale immagine piatta dovrebbe fornire un rilievo distorto; con la Sindone si ottiene, al contrario, un corpo umano ben proporzionato in altezza, larghezza e profondità di campo.

Indipendentemente da ciò che le indagini scientifiche potranno ottenere in un futuro prossimo o lontano, la Sindone è in modo innegabile un rimando chiaro, diretto e analitico alla Passione di Gesù. «Uno specchio del Vangelo», la definì Giovanni Paolo II nel 1998 quando venne a Torino per l'ostensione di quell'anno. Nella stessa occasione, papa Wojtyła affermò che «l'uomo si aspetta dalla scienza che essa si occupi in modo serio e onesto di scoprire la verità sulla Sindone» e chiese agli scienziati di essere rispettosi della metodologia scientifica, di non dare per scontati risultati che non ci sono. Questo nel campo della Sindone non sempre accade. Spesso emergono fondamentalismi da entrambe le parti. Voler dimostrare a tutti i costi che la Sindone è la prova scientifica della Risurrezione è una sciocchezza, perché la scienza non può occuparsi di fenomeni sovrannaturali, ma solo naturali. La scienza, cioè, non potrà mai esprimersi sulla Risurrezione di Cristo, perché non è un fenomeno riproducibile in laboratorio. Allo stesso modo si è voluto dimostrare a tutti i costi, forzando i dati a disposizione, che la Sindone è un falso medievale per il semplice fatto che si pretende sia questa la reale versione dei fatti. Uno scienziato serio si preoccupa invece di cercare la verità, qualunque essa sia.

La ricerca scientifica sulla Sindone non ha lo scopo di dimostrare, a tutti i costi, che essa è o non è il lenzuolo che ha avvolto il corpo di Cristo, il suo scopo è mostrare a tutti i dati empirici emersi dai propri studi.

TRA VERITÀ E PREGIUDIZI
Quali ostacoli a una ricerca obiettiva?

Papa Giovanni Paolo II, il 24 maggio del 1998, dopo aver sostato davanti alla Sindone disse: «La Chiesa esorta gli scienziati ad affrontare lo studio della Sindone senza posizioni precostituite, che diano per scontati risultati che tali non sono; li invita ad agire con libertà interiore e premuroso rispetto sia della metodologia scientifica sia della sensibilità dei credenti».

Si può affermare che la foto scattata oltre cent'anni fa dall'avvocato Secondo Pia, era il 1898, abbia aperto la strada alla storia scientifica della Sindone. Da allora lo studio del telo sindonico è proseguito ininterrottamente sino a oggi, con alcuni momenti recenti di particolare significato: nel 2000 il Simposio Internazionale "Sindone: passato, presente e futuro" e poi i lavori per la conservazione del 2002 (vedi n. 10).

Oggi, la tecnologia mette a disposizione della ricerca apparecchiature sempre più sofisticate, ma ciò non basta a condurre analisi serie e definitive. Serve l'impegno a ricercare esclusivamente la verità, senza pretendere di dimostrare a ogni costo tesi preconcette e rifiutando tutto ciò che non può essere scientificamente dimostrato.

È questa l'unica strada che può consentire di informare correttamente e onestamente i semplici cultori e i devoti, la sola veramente rispettosa della Sindone e del suo importantissimo messaggio. Una strada che è auspicabile si riapra presto a nuovi studi, che si sono interrotti nel 2002, dopo gli interventi conservativi.

L'ARTE

L'ICONOGRAFIA DI CRISTO
Quale immagine ci ha trasmesso la tradizione?

La maggior parte dei sindonologi autenticisti ritiene di trovare elementi a sostegno della propria tesi non solo in base ad argomenti storici, archeologici e scientifici, ma anche sulla base di considerazioni di carattere iconografico. Si sostiene, in particolare, che l'immagine sindonica avrebbe influenzato l'iconografia dell'arte religiosa medievale ben prima del 1353 (data della prima comparsa della Sindone, vedi n. 23); tale influenza sarebbe la prova della precedente esistenza della reliquia e quindi della sua verosimile autenticità.

Le ricerche di questi studiosi evidenziano che, nel periodo bizantino, si affermarono canoni di raffigurazione di Gesù riconducibili direttamente all'immagine della Sindone torinese.

Già all'epoca dell'imperatore Teodosio (370-410) i cristiani si accorsero della necessità di avere una rappresentazione ufficiale di Gesù, necessaria per il culto di Stato nell'impero romano cristiano.

Fino a quell'epoca Gesù era stato rappresentato su alcuni sarcofagi e catacombe con la barba non troppo lunga, con i baffi, il volto stretto, i capelli lunghi divisi da una riga centrale; sono caratteristiche che si riscontrano anche sul volto dell'Uomo della Sindone.

Questa relazione, se provata, spiegherebbe l'identificazione della Sindone con il *Mandylion* di Edessa (vedi nn. 21 e 35) che, in virtù della sua origine ritenuta miracolosa, doveva certamente rappresentare un "modello autorevole" al quale gli artisti bizantini s'ispirarono direttamente.

C'è da osservare che, mentre nei primi secoli del cristianesimo Gesù era dipinto come un pastorello imberbe, simile alle divinità pagane, solo in seguito si affermò la raffigurazione ancora oggi tradizionale di Cristo con i capelli lunghi e la barba, caratteristiche dell'uomo sindonico.

Heinrich Pfeiffer, professore di Storia dell'Arte Cristiana alla Pontificia Università Gregoriana, ha individuato – insieme a Paul Vignon – alcuni elementi-spia che si riscontrano nell'iconografia del volto di Cristo. Secondo lo studioso, il ripetersi di queste caratteristiche sarebbe dovuto al diretto influsso del volto sindonico. Gli elementi che ritornano sono: una ciocca di capelli corti in mezzo alla fronte, dove la Sindone presenta una macchia a forma di ricciolo; il sopracciglio destro più alto del sinistro; due segni sul naso, uno a forma di V e l'altro simile a un quadrato; la barba bipartita; una guancia più gonfia dell'altra.

Il caratteristico volto di Gesù, con le due ciocche di capelli lunghi fino alle spalle, con i baffi e la barba a due punte, si riscontra per la prima volta alla metà del III secolo nell'ipogeo degli Aureli a Roma. In seguito, sin dai tempi dei mosaici costantiniani del Laterano e di San Pietro in Vaticano, tutte le raffigurazioni ufficiali di Gesù corrispondono alle caratteristiche sopra descritte. Secondo Pfeiffer e Vignon, i ritratti del volto di Gesù furono "suggeriti" dal Volto della Sindone.

Nei prossimi capitoli cercheremo di capire se davvero la tradizione ha trasmesso lungo i secoli l'immagine che grazie agli iconografi è giunta sino a noi.

LE CATACOMBE
Gli artisti paleocristiani conoscevano la Sindone?

Nei primi secoli, i cristiani usavano esprimere artisticamente la loro fede attraverso raffigurazioni simboliche nell'arte funeraria che, nelle catacombe, aveva la funzione di celebrare la salvezza concessa da Dio ai suoi fedeli.

Nella simbologia, il pagano non vedeva altro che un pescatore, un delfino o un pesce trafitto da un tridente, mentre il cristiano – che conosceva il codice – vi leggeva la propria redenzione e quella dei defunti che andava a visitare in quel cimitero nascosto e segreto.

Gli antichi simboli pagani acquisivano un nuovo significato: le stagioni, il giardino, la palma, il pavone e la colomba stavano a significare la vita oltre la morte e la Risurrezione di Cristo; la nave, che indicava la vita buona, ricca e felice diventava il simbolo della Chiesa. Quelle immagini non erano solo ornamenti, ma acquisivano la pregnanza di una "narrazione della fede", di una catechesi.

Nei primi tre secoli del cristianesimo Gesù venne rappresentato in maniera allegorica come un pesce; infatti le lettere della parola greca "pesce" ('Ιχθύς) formano l'acronimo di "Gesù Cristo Figlio di Dio Salvatore".

Dal III secolo, Gesù fu rappresentato con le sembianze umane di un adolescente, un pastore, il medico taumaturgo e il maestro giudice. Fra queste raffigurazioni si segnala una notevole somiglianza fra il volto dell'Uomo della Sindone e il Cristo barbuto delle catacombe romane di Commodilla (IV secolo).

Nel periodo tardo-antico, con la secolarizzazione del culto cristiano e il distacco dalla tradizione ebraica, si diffondono rappresentazioni dirette di Gesù, raffigurato quasi sempre come giovane pastore imberbe fino al VI secolo. Il Cristo senza barba è l'Emmanuele, nome di origine ebraica che significa "Dio con noi". Lo troviamo menzionato nell'Antico Testamento da Isaia, il quale parla di un segno dato al re Acaz consistente nella nascita di un figlio: «Pertanto il Signore stesso vi darà un segno, ecco la vergine concepirà e partorirà un figlio, che chiamerà *Emmanuele*» (*Isaia* 7,14).

All'idea del pastorello si sostituisce con il tempo quella del Maestro ed è per questo che già nell'ipogeo degli Aureli, a Roma, Gesù è raffigurato barbato e con il pallio, nell'atto di svolgere il rotolo dinanzi al gregge. Un busto di Cristo con la barba si vede anche nelle catacombe di Ponziano (VII secolo).

Il Cristo imberbe e quello barbuto coesistono fino al VI secolo, ad esempio nelle miniature dell'Evangeliario siriaco di Rābulā (conservato a Firenze nella Biblioteca Laurenziana) e nei mosaici di Sant'Apollinare Nuovo a Ravenna.

Quindi, a partire dal IV secolo, a poco a poco, il Gesù barbuto si fa strada per diventare infine la raffigurazione canonica dal VI secolo.

Con l'affermarsi del cristianesimo e l'editto di Milano (313), da Costantino fino a Teodosio (395) si sviluppa il culto del "Cristo vincitore" sulla vita e sulla morte, che assume sempre di più le forme rituali di quello dell'imperatore.

Nella seconda metà del IV secolo, su diversi sarcofagi, si trova un Cristo dalla barba non troppo lunga, baffi, volto stretto, allungato e maestoso, e dai capelli lunghi, che cadono sulle spalle e talvolta mostrano una riga centrale che li divide. Questo modello di Cristo si ritrova anche nel mosaico absidale di Santa Pudenziana a Roma (V secolo). È un'immagine che s'ispira ancora alle raffigurazioni di Giove (o Zeus), somma divinità per i Romani e i Greci, associata all'idea di "sovrano dell'universo". Cristo, infatti, secondo la promessa del Nuovo Testamento comparirà nel suo secondo avvento benedicente e assiso in trono. Si giunge così all'idea del *Pantocrator* (vedi n. 54).

Il Gesù imberbe, scomparso dall'oriente, riapparirà in occidente più avanti nell'arte carolingia e romanica.

L'affermarsi dell'immagine barbuta venne influenzata dall'emergere di immagini ritenute autentiche, come il *Mandylion* di Edessa (vedi n. 21), che alcuni identificano con la Sindone, o come l'Acheropita di Roma, documentata dall'VIII secolo. In età bizantina l'iconografia di Gesù venne rigorosamente codificata, anche a seguito della disputa sull'iconoclastia.

Da allora in poi il Gesù adulto fu costantemente raffigurato con i capelli lunghi e la barba (un'eccezione degna di nota è il *Giudizio Universale* di Michelangelo nella Cappella Sistina).

Se al principio ci furono problemi etici sulla rappresentazione del volto di Cristo, più tardi prevalsero le esigenze estetiche dei vari popoli, nei quali Gesù venne rappresentato con caratteri etnici variabili.

La tradizione della Chiesa ci ha trasmesso l'immagine del Salvatore grazie agli iconografi orientali.

Secondo molti studiosi, i ritratti del volto di Gesù – soprattutto di epoca bizantina – sono stati influenzati dalla Sindone.

Quasi tutte le icone mostrano due o tre ciocche di capelli nel mezzo della fronte. Gli iconografi avrebbero interpretato in maniera artistica il rivolo di sangue a forma di punto interrogativo sulla fronte dell'Uomo della Sindone. Questo elemento si ritrova nelle immagini di Gesù dei mosaici di Sant'Apollinare Nuovo a Ravenna (V-VI secolo), nel *Pantocrator* dell'arco trionfale di Sant'Apollinare in Classe, nel Cristo di Cefalù (XII secolo), nel *Pantocrator* di Sant'Angelo in Formis a Capua (XII secolo) e in tanti altri.

Alcuni volti del Signore hanno un sopracciglio più alto dell'altro, come nell'icona del Cristo *Pantocrator* conservata nel monastero di Santa Caterina sul monte Sinai, che fu realizzata da una bottega imperiale di Costantinopoli (VI secolo); sovrapponendo a queste icone il volto dell'Uomo della Sindone, sono stati individuati elementi comuni: le guance disuguali, i baffi asimmetrici, il ricciolo sulla fronte e altri 250 punti corrispondenti.

Alcuni volti cristici hanno la barba a due punte e una gota che appare tumefatta, cosicché il volto risulta fortemente asimmetrico.

L'affinità con il telo sindonico si nota nei segni tra le sopracciglia, sulla fronte e sulla guancia destra del volto di Gesù delle catacombe di San Ponziano a Roma (VI-VII secolo) e nel *Pantocrator* di San Salvatore in Chora a Costantinopoli in cui si notano guance concave e zigomi sporgenti asimmetrici.

Sulla sommità del naso di alcuni ritratti vi è un segno come di un quadrato mancante e sotto di esso un tratto a forma di "V": sono tracce che si ritrovano anche sulla Sindone, forse dovute alla trama del telo.

A partire dal VI secolo, l'icona del volto di Gesù presenta quindi alcuni tratti distintivi, asimmetrici e non proporzionati, difficilmente assegnabili alla fantasia degli iconografi.

Con il patriarca Metodio, che con un sinodo del marzo 823 proclamò la solenne restaurazione del culto delle icone, il volto di Cristo comparve anche sulle monete; un *Pantocrator* molto somigliante al volto della Sindone, dai grandi occhi, lunga capigliatura e barba, apparve sul conio dell'imperatore Michele III (842-867).

Il numismatico Mario Moroni ha messo in evidenza la mancanza delle orecchie del *Pantocrator* in tutti i conii, proprio come nella Sindone; orecchie che, nelle icone, sono in genere riprodotte lievemente coperte dai capelli.

L'IMAGO PIETATIS
Un simbolo della Risurrezione?

Molti studiosi suppongono che, dal 944 al 1204, la Sindone sia stata a Costantinopoli. Del suo arrivo nella città, una narrazione firmata da un certo Gregorio il Referendario racconta di un'immagine impressa da gocce di sudore, ma in cui si vedrebbero anche le gocce di sangue sgorgate dal fianco.

Si ritiene che il sudario di Gesù, in quell'epoca, fosse ripiegato in modo da mostrare non solo il volto, ma anche parte del busto. Si spiega così la nascita della *imago pietatis*, raffigurazione del Cristo morto che sporge dal sepolcro in posizione eretta fino alla vita, con le mani incrociate sul pube, come nella Sindone.

Solo l'osservazione può fornire una spiegazione; non sarebbe altrimenti giustificabile la rappresentazione di un defunto in posizione eretta. In queste immagini, diffusesi dal XII secolo in poi, Cristo ha sempre il capo reclinato dal lato destro; se si osserva la Sindone, all'altezza del collo si nota una flessione della testa proprio da quella parte.

Un'altra figura che si andava sempre più diffondendo era dipinta o ricamata su veli liturgici chiamati *epitaphioi*, utilizzati il Venerdì Santo per rappresentare il lamento della Vergine, dei discepoli e delle pie donne. In queste immagini, di cui esistono splendidi esemplari a partire dal XIV secolo, si vede l'intero corpo di Gesù, rigido e spesso con le braccia incrociate davanti, giacente su un lenzuolo. Anche in questo caso si suppone l'ispirazione sindonica: evidentemente ormai era nota l'intera figura.

In favore del culto delle icone la Chiesa orientale ortodossa si è battuta per due secoli, e per salvarle ha celebrato ben due concili. Nel Concilio di Nicea (787) venne definitivamente sconfitta l'eresia iconoclasta che aveva tentato di bandire l'uso delle immagini sacre. Gli oppositori delle icone argomentavano così: non è possibile dipingere un'immagine di Cristo, perché ciò significherebbe voler circoscrivere la divinità. I propugnatori delle immagini, invece, controbattevano: se la Parola è veramente divenuta carne e ha abitato tra noi (*Giovanni* 1,14), allora la Parola è divenuta "circoscrivibile", afferrabile; e allora l'eterna Parola di Dio può essere resa in un'immagine.

Gli ariani affermavano che la designazione di Cristo quale "immagine" di Dio è una prova che Cristo è inferiore a Dio; ma questa era la concezione greco-ellenistica dell'immagine, secondo la quale essa significava qualcosa di inferiore in rapporto al modello che voleva rappresentare: per i Greci l'immagine era un riflesso, una pallida imitazione del modello originario.

Atanasio di Alessandria (295-373) affermava, invece, il paradosso di una "perfetta immagine", di un'immagine a cui non manca nulla della perfezione del modello originario: Dio ha un'immagine di se stesso che gli è in tutto uguale in dignità ed essenza. Questo è per Atanasio il senso molto concreto delle parole di Cristo: «Io e il Padre siamo uno» (*Giovanni* 10,30); «Chi ha visto me, ha visto il Padre» (*Giovanni* 14,9); «Tutto ciò che è del Padre è anche mio» (*Giovanni* 16,15).

A questo punto l'arte poteva osare, poteva contemplare la divinità di Cristo come perfetta immagine del Padre e l'icona veniva ad assumere un carattere sacro, in quanto in essa si onorava la presenza di Colui che vi era raffigurato.

La teologia ortodossa sottolinea ancora oggi il carattere sacramentale dell'icona. In essa c'è una realtà santa e santificatrice. «L'icona è un mistero – dice l'arcivescovo di Atene Seraphim – come la Chiesa che rappresenta». «Per un ortodosso – afferma Anthoula Delehaye, docente dell'Università di Atene – l'icona è la più efficace catechesi, perché è legata al mistero dell'Incarnazione. In questo mistero, infatti, abbiamo l'immagine dell'invisibile Iddio (*Colossesi* 1,15) e lo splendore riflesso della gloria del Padre (*Ebrei* 1,13). Come il Verbo Incarnato, anche l'icona, sia pure di riflesso, ha funzione di raccordo tra la terra e il cielo. È l'immagine del Cristo, perché ogni uomo è fatto a immagine di Dio».

Poiché la "pittura dell'icona" comporta, secondo la concezione orientale, la riproduzione esatta del soggetto senza dare spazio alla fantasia dell'artista, si possono facilmente individuare le "successioni" di opere derivate l'una dall'altra, e quindi si può risalire all'indietro fino al "modello originale" da cui sono state generate. Secondo molti esperti di storia dell'arte, il "modello ispiratore" – qualunque fosse il suo nome, *Pantocrator* o *velo santo con immagine acheropita* – si individua in quei caratteri particolari che sarebbero propri della Sindone.

Molti storici hanno cercato documentazioni iconografiche per provare l'esistenza della Sindone prima del 1353 (vedi n. 23). Va chiarito che nemmeno una di queste immagini mostra la Sindone come la si vede oggi a Torino, ovvero una doppia immagine completa. Si tratta quasi sempre, nel migliore dei casi, di ritrovamenti molto discutibili.

Un esempio tipico è la miniatura rinvenuta nel cosiddetto codice Pray. Si tratta di un manoscritto che si trova a Budapest, nella Biblioteca Nazionale; è il primo scritto in lingua ungherese, un sacramentario latino con un discorso funebre. Risale al 1192 e fu ritrovato nel 1770 da György Pray (1723-1801), un abate gesuita, responsabile della Biblioteca Universitaria di Buda. Lo storico aveva trovato il manoscritto nell'archivio del capitolo benedettino di Pozsony (oggi Bratislava, in Slovacchia).

Le illustrazioni miniate di quel manoscritto furono rese note, per la prima volta, nel 1965.

Secondo alcuni studiosi, nella miniatura – in cui si vede nella parte superiore il corpo morto di Cristo e nella parte inferiore un sepolcro e un lenzuolo – vi sarebbero elementi che fanno ritenere che l'autore abbia visto la Sindone, o che qualcuno gliene abbia parlato.

In realtà, l'artista ritrasse scene descritte nei vangeli e non fu la Sindone a ispirarlo: ritrasse un semplice telo funebre senza alcuna immagine sovrimpressa. Nella scena inferiore, infatti, si vede bene il sudario ammonticchiato completamente bianco sotto la mano dell'angelo.

Sul telo mostrato nella miniatura del codice Pray si vedrebbero anche quei quattro fori prodotti dalle bruciature degli incendi nella stessa posizione in cui anche la Sindone li mostra, ma sono in realtà elementi decorativi. Tali elementi possono ricordare tutto fuorché un telo tessuto a spina di pesce o spigato. I cerchietti ornamentali sia sull'una che sull'altra superficie non possono essere interpretati come i segni delle bruciature. Infatti, cerchietti del tutto simili si vedono, come motivi ornamentali, anche sull'ala dell'angelo, sulla sua cintura e sul vestito della donna al centro del disegno.

Sul telo appoggiato (al di sopra del quale si vede una "a") si vedono tre croci, che potrebbero alludere al valore sacrale del manufatto.

La maggior parte degli studiosi ha concluso che i due supposti teli sono piani di appoggio solidi, ovvero la rappresentazione di un sepolcro scoperchiato come lo riproducevano di frequente gli iconografi.

Il problema principale è capire a quale manufatto si riferiscono i sindonologi quando parlano di "lenzuolo"; infatti nella raffigurazione c'è un telo, ma non ha impressa alcuna immagine, non ha tessitura a spina di pesce e non ha bruciature.

Circa la natura delle superfici pianeggianti rettangolari, si è concluso che sono la tomba e la lapide scostata. La miniatura, eseguita senza molta abilità tecnica, riprende una scena rappresentata molte volte anche in altre opere d'arte in modo quasi codificato e didascalico.

LA LEGGENDA DEL CRISTO ZOPPO
Dove trae origine?

La Sindone ha influenzato gli iconografi nel rappresentare Gesù crocifisso. Dopo l'anno Mille, Gesù non fu più dipinto ben ritto sulla croce, ma col capo chinato a destra e con la corporatura leggermente accasciata, tanto da descrivere con il corpo un'onda, definita dagli studiosi "curva bizantina".

Questa raffigurazione nasce dal convincimento che Gesù fosse zoppo. Infatti, l'Uomo della Sindone sembra avere la gamba sinistra più corta. Da questa particolarità era nata la leggenda del "Gesù zoppo", che ha influenzato la raffigurazione della croce bizantina, in modo particolare quella russa. Si veda ad esempio l'icona bizantina dell'*Adorazione della Croce* (Galleria Tret'jakov, Mosca) in cui il suppedaneo è obliquo, come se su quella croce ci fosse un uomo con una gamba più corta.

Nelle monete emesse dagli imperatori di Bisanzio, dall'869 fino al 1200, il Cristo assiso in trono è sempre effigiato con l'anormalità del piede destro molto sottile e girato a novanta gradi rispetto al sinistro, prolungato in avanti.

La tradizione del Cristo zoppo ha condizionato anche la raffigurazione di Gesù bambino. Lo rilevano Piero Cazzola, professore di Lingua e letteratura russa all'Università di Bologna e Maria Delfina Fusina, pittrice e disegnatrice anatomica. Molte icone della Madre di Dio, soprattutto le più antiche e famose, la raffigurano con il Figlio tra le braccia e i piedini che escono dalle vesti sono rappresentati in modo diverso: normale l'uno, contorto l'altro.

IL *COMPIANTO SUL CRISTO MORTO*
Quali citazioni della Sindone?

Il *Compianto sul Cristo morto* è uno dei soggetti più importati della storia dell'arte sacra. La tempera su tela del grande Andrea Mantegna è un capolavoro di perfezione. La tela – datata 1475 – è piuttosto piccola: cm 68 x 81.

Capolavoro di prospettiva, il quadro va contemplato in ginocchio. E il grande regista Ermanno Olmi, in un'esposizione allestita nel 2014 alla Pinacoteca di Brera a Milano, ha voluto che il quadro fosse esposto in una grande sala buia all'altezza delle ginocchia del visitatore, quasi a voler conferire maggiore impressione di realtà.

L'iconografia di riferimento prevedeva la presenza dei "dolenti" attorno alla salma.

Cristo è sdraiato sulla pietra dell'unzione, semicoperta dal sudario, e la presenza del vasetto degli unguenti in alto a destra pare dire che sia già stato cosparso di profumi. La valenza sperimentale dell'opera di Mantegna è confermata sia dall'uso della tela, ancora raro per l'epoca, sia dall'uso potente dello scorcio prospettico.

Il pittore immaginò la composizione per produrre un inedito impatto emotivo, con i piedi di Cristo proiettati verso lo spettatore e la fuga di linee convergenti che trascina l'occhio di chi guarda verso il volto di Cristo che ha – come la Sindone di Torino – il collo lievemente piegato sulla destra, i capelli lunghi e la barba. A sinistra, compresse in un angolo, si trovano tre figure dolenti: la Vergine Maria che si asciuga le lacrime con un fazzoletto, san Giovanni che piange a mani giunte e, in ombra sullo sfondo, la figura di una donna che si dispera, con ogni probabilità Maria Maddalena. Pochi accenni rivelano l'ambiente in cui si svolge la scena: a destra si vede un tratto di pavimento e un'apertura che introduce in una stanza buia. Il forte contrasto di luce e ombra origina un profondo senso di pathos. Ogni dettaglio è amplificato dal tratto incisivo delle linee, costringendo lo sguardo a soffermarsi sui particolari più raccapriccianti, come le membra irrigidite dal *rigor mortis* e le ferite ostentatamente presentate in primo piano, come consueto nella tradizione. I fori delle mani e dei piedi, così come i volti delle altre figure, solcati dal dolore, sono dipinti con grande realismo. Il drappo, che copre parzialmente il corpo, contribuisce alla drammaticità. Un particolare che sorprende è la scelta di porre i genitali del Cristo al centro del quadro; scelta che è aperta a una moltitudine di interpretazioni.

Giovanni, la Madre e la Maddalena esprimono sentimenti diversi sul Cristo morto. La Maddalena è rivolta verso di noi, Giovanni guarda il volto di Cristo e Maria l'ombelico al centro della tela. Quando il dipinto non aveva ancora subito l'usura del tempo, il netto contrasto tra i colori arancio del cuscino, del marmo di Verona e dei mattoni doveva spiccare fortemente sul bianco della sindone e le tinte fredde del corpo, così diverso dalle carni vive dei tre dolenti.

Il fisico del Cristo è muscoloso e longilineo come quello sindonico, le mani non sono ancora state composte l'una sull'altra.

IL *CRISTO VELATO*
Cosa ci ricorda della Sindone?

Il *Cristo velato* è una scultura di marmo del 1753 conservata a Napoli nella Cappella Sansevero. È uno dei capolavori scultorei più suggestivi al mondo: colpisce per la trasparenza ed estrema leggerezza del velo marmoreo.

Raimondo di Sangro, principe di Sansevero, incaricò un giovane artista napoletano, Giuseppe Sanmartino, di realizzare «una statua di marmo scolpita a grandezza naturale, rappresentante Nostro Signore Gesù Cristo morto, coperto da un sudario trasparente realizzato dallo stesso blocco della statua».

Nel *Cristo velato* l'originale messaggio stilistico è proprio nel velo, che però ormai è artisticamente molto lontano dalla Sindone.

La moderna sensibilità dell'artista scolpisce il corpo senza vita con maestria sublime, mentre le infinite pieghe del velo accolgono amorevolmente le membra martoriate.

La fama di alchimista e audace sperimentatore di Raimondo di Sangro ha fatto fiorire sul suo conto numerose leggende. Una di queste riguarda proprio il velo del Cristo di Sanmartino: da oltre 250 anni, infatti, viaggiatori, turisti e perfino alcuni studiosi, increduli dinanzi alla trasparenza del sudario, lo hanno erroneamente ritenuto frutto di un processo alchemico di "marmorizzazione" compiuto dal principe di Sansevero.

In realtà, il *Cristo velato* è un'opera interamente in marmo, ricavata da un unico blocco, come si può constatare da un'osservazione scrupolosa e dalla lettura di testimonianze coeve alla realizzazione della statua. In un documento datato 16 dicembre 1752, il principe scrive esplicitamente: «E per me gli suddetti ducati cinquanta gli pagarete al Magnifico Giuseppe Sanmartino in conto della statua di Nostro Signore morto, coperta da un velo ancor di marmo...». Anche nelle lettere spedite al fisico Jean-Antoine Nollet e all'accademico della Crusca Giovanni Giraldi, il principe descrive il sudario trasparente come «realizzato dallo stesso blocco della statua». Lo stesso Giangiuseppe Origlia, il principale biografo settecentesco del principe di Sangro, specifica che il Cristo è «tutto ricoverto d'un lenzuolo di velo trasparente dello stesso marmo».

Il *Cristo velato* è, dunque, una perla dell'arte barocca che si deve esclusivamente al magico scalpello di Sanmartino e alla fiducia accordatagli dal suo committente. Il fatto che l'opera sia stata realizzata da un unico blocco di pietra, senza l'aiuto di alcuna escogitazione alchemica o di altro genere, conferisce alla statua un fascino indiscutibile.

La leggenda del velo, però, è dura a morire. L'alone di mistero che avvolge il principe di Sansevero e la consistenza impalpabile del sudario continuano ad alimentarla. D'altra parte, era nelle intenzioni del di Sangro – in questa come in altre occasioni – suscitare meraviglia: non a caso fu egli stesso a osservare che quel velo era tanto impalpabile e «fatto con tanta arte da lasciare stupiti i più abili osservatori».

L'arte moderna – la scultura di Sanmartino cade in pieno Illuminismo – si è allontanata definitivamente dal modello sindonico.

LA SIMBOLOGIA

UN'ICONA ELOQUENTE
Cosa ci dice quel silenzio?

L'Uomo della Sindone è muto, ci mostra la realtà umana nell'atteggiamento della totale impotenza e inazione, eppure si pone davanti a noi come un "cercatore di dialogo".

L'immagine sindonica rappresenta l'essere umano sotto lo scacco della morte. Il silenzio eloquente del volto racconta, in tutta la sua inafferrabilità, il mistero del trapasso congiunto alla pace, così com'è dato contemplarlo in quell'espressione sorprendentemente irenica e composta.

Quell'icona senza parole, eppure parlante, ci mostra l'uomo vittima della crudeltà che si abbatte sull'innocente. L'angoscia cresce, quando si riflette e si comprende fino a che punto può giungere la sofferenza inflitta dall'uomo all'uomo. E ci si domanda il motivo di tanta spietatezza.

Per questo il silenzio è d'obbligo di fronte alla Sindone, come di fronte a ogni morte ingiusta e violenta.

Il racconto dell'Uomo della Sindone acquista una dimensione insospettata quando si percepisce la sua straordinaria specularità con il racconto evangelico. Il confronto fra le due narrazioni aiuta a riandare al cuore dell'annuncio religioso cristiano: dal mistero del Natale a quello del Sabato Santo. Il messaggio sindonico porta dunque in sé qualcosa della ricchezza inesauribile dei vangeli.

Davanti alla Sindone, con il cuore attento alle Scritture, i cristiani avvertono che la sofferenza non è solo nonsenso o fonte di disperazione: è piuttosto il mistero della fecondità del dolore. Per i credenti è dalla "sofferenza mite" del Crocifisso che proviene la salvezza e ogni motivo di speranza.

Per i non credenti, tuttavia, la Sindone può diventare un pungolo che sprona a riscoprire le ragioni autentiche del vivere.

Per chi vede arrestarsi la vicenda terrena – propria o dei propri cari – all'estrema stazione, l'atteggiamento di Gesù di totale abbandono al proprio destino suggerisce pensieri preziosi. Si dimentica spesso che sulla terra la vita di ogni essere umano è solo un fugace passaggio e che le nostre preoccupazioni vanno commisurate all'"economia dell'universo" in cui tutto passa e scorre.

Paradosso del "silenzio eloquente", la Sindone invita – tutti e ciascuno – a condividere generosamente i "tesori di vita" che abbiamo ricevuto, sciogliendo i nodi di ogni egoismo.

Non si può restare indifferenti di fronte alla pace di quel corpo, e lo stupore non accenna a diminuire quando si prolunga il tempo della meditazione a contatto con esso. Mentre ci si sforza di interiorizzare il messaggio, ci si accorge dell'inadeguatezza del nostro procedere. Non si può fare a meno di restare rapiti al suo cospetto, perdendosi nell'insieme della visione e nei suoi infiniti particolari.

Il rischio di smarrirsi di fronte ai tanti elementi che emergono dall'osservazione porta spesso a sottovalutare simboli pregnanti, tutti da decodificare, con i quali è necessario invece misurarsi.

Icona silente, eppure straordinariamente comunicativa, la Sindone non smetterà mai di confonderci e di parlarci.

IL "QUINTO EVANGELO"
Una meditazione per il XXI secolo?

La Sindone conferma con tale straordinaria precisione i racconti della *Passio Christi* da essere stata definita il "Quinto Evangelo".

La meditazione sugli ultimi giorni di Gesù, specie durante la Quaresima, è sempre stata motivo di consolazione per generazioni di cristiani. Agli uomini e alle donne del Terzo Millennio, costretti a vivere nel turbine della società tecnologica, riesce sempre più difficile fermarsi a riflettere per elevare lo spirito alle cose divine. Immersi in una civiltà iperattiva e iperconnessa, i contemporanei hanno perso il gusto della contemplazione.

Dopo decenni di indagini, gli scienziati hanno affermato che la Sacra Sindone è più minuziosa dei vangeli nel raccontare, con muto linguaggio, i dettagli della Via Crucis. Il sindonologo dello STURP (*Shroud of Turin Research Project*), professor John Heller, ha scritto: «In tutte le ricerche più recenti, non c'è niente che contenga la minima informazione che contesti la narrazione dei vangeli».

Pur persistendo i pareri discordi sull'autenticità del telo, tuttavia in molti hanno cominciato a chiamare la Sacra Sindone il "Vangelo del XXI secolo".

Questo "Vangelo" è così ricco di dettagli che il famoso medico francese Pierre Barbet è arrivato ad ammettere che «un chirurgo che studi la Sindone percorrendo attraverso il lino le diverse "stazioni" del Calvario può, meglio di un grande predicatore o di un santo, accompagnare un pellegrino alla scoperta delle sofferenze di Cristo».

IL GETSEMANI
Gesù sudò sangue?

«Allora Gesù andò con i discepoli in un luogo chiamato Getse-mani» (*Matteo* 26,36) e «in preda all'angoscia, pregava più in-tensamente; e il suo sudore diventò come gocce di sangue che cadevano a terra» (*Luca* 22,44).

Il fenomeno della sudorazione di sangue (ematoidrosi) – raris-simo, ma non impossibile – è dovuto a un'aumentata permeabi-lità dei capillari delle ghiandole sudoripare. L'unico evangelista che descrive questo fatto è un medico, Luca, e lo fa con preci-sione clinica. Si osserva in condizioni di grande debolezza fisica accompagnata da una forte scossa morale, emozione o paura. L'evangelista-medico Luca la definisce «angoscia».

Nel fenomeno della ematoidrosi si verifica una brusca vasodila-tazione dei capillari sottocutanei, che si rompono bruscamente. Il sangue si mischia al sudore e fuoriesce dai pori.

Elaborazioni al computer delle immagini tridimensionali del volto dell'Uomo della Sindone, in particolare quelle eseguite dal professor Giovanni Tamburelli nel 1978, mostrano come, oltre alle innumerevoli abrasioni e ai piccoli coaguli, tutta la pelle sembri intrisa di sangue, come sarebbe appunto avvenuto in conseguenza di tale fenomeno epidermico.

Secondo alcuni sindonologi, il corpo del Signore si ricoprì com-pletamente di un sottile strato di sudore e di sangue (emoglo-bina) la cui esalazione, in seguito, diede origine all'impronta quasi perfetta del corpo.

«Presero poi a salutarlo: "Salve, re dei Giudei!". E gli percuotevano il capo con una canna, gli sputavano addosso e, piegando le ginocchia, si prostravano a lui» (*Marco* 15,18-19).

L'Uomo della Sindone mostra molteplici traumi: tumefazioni sulla fronte, le arcate sopracciliari, gli zigomi, le guance, le labbra, il naso. Quest'ultimo appare deformato per via della rottura della cartilagine dorsale, vicino all'inserimento sull'osso nasale che, invece, è intatto. Dal naso sembrano uscire due rivoli di sangue. Sul volto si vedono ecchimosi un po' ovunque, soprattutto sul lato destro, visibilmente gonfio. I sopraccigli sono lacerati, le ossa hanno ferito la pelle dall'interno. Lo zigomo sinistro presenta diverse incisioni. Abbiamo a che fare con un uomo brutalmente picchiato con colpi di bastone, pugni e schiaffi.

«Una delle guardie presenti diede uno schiaffo a Gesù, dicendo: "Così rispondi al sommo sacerdote?"» (*Giovanni* 18,22).

Il sindonologo torinese Judica Cordiglia ritiene che lo schiaffo fu in realtà una bastonata inflitta con un randello di legno, corto, di circa 4-5 cm di diametro. Il colpo provocò un'abbondante emorragia nasale. Infatti, il baffo dell'Uomo della Sindone sembra intriso di sangue sul lato destro, come anche la barba sottostante.

I moderni linguisti ritengono che il termine utilizzato dall'evangelista, e normalmente tradotto come "schiaffo", possa essere interpretato come "bastonata", il che sarebbe conforme al dato della Sindone.

LE TRE CADUTE
Vangelo o pietà popolare?

«Essi allora presero Gesù ed egli, portando la croce, si avviò verso il luogo del Cranio, detto in ebraico Golgota» (*Giovanni* 19,17). Sulle spalle dell'Uomo della Sindone è evidente un'ampia ecchimosi a livello della scapola sinistra e una ferita sulla spalla destra che si possono attribuire al trasporto del *patibulum*, la trave orizzontale della croce. Le spalle appaiono contratte: questa disposizione è correlabile al trasporto della trave.

Le impronte mostrano che il braccio orizzontale della croce scivolò più volte sulle spalle, producendo gravi escoriazioni.

Le immagini sindoniche, notevolmente ravvicinate al microscopio, rivelano una notevole quantità di materiale terroso sulla pianta dei piedi dell'Uomo della Sindone, il che ha fatto supporre agli studiosi che il condannato abbia percorso scalzo la salita al Calvario.

«Gesù cade per la prima volta... Gesù cade per la seconda volta... Gesù cade per la terza volta» (Via Crucis, stazioni III, VII e IX). Anche se non sono raccontate da nessun vangelo, la pietà popolare ha sempre venerato le tre cadute del Cristo nell'ascesa al Calvario. Sulla Sacra Sindone le cadute sembrerebbero essere documentate. Il ginocchio sinistro appare scorticato: ci sono macchie di sangue e, proprio ad altezza ginocchia, fu aspirato materiale terroso. Anche il naso si mostra scorticato e con tracce di sabbia, il che potrebbe dirci che Gesù cadde ripetutamente, battendo il viso per terra.

«I soldati, intrecciata una corona di spine, gliela posero sul capo» (*Giovanni* 19,2).

Sull'impronta frontale e cervicale dell'Uomo della Sindone appaiono almeno cinquanta ferite da punta, piccole ma profonde, riconducibili all'applicazione non propriamente di una "corona", ma di un "casco" di rami spinosi. Le macchie più cospicue sono in corrispondenza con le vene e le arterie della testa, anche se i capelli non sono molto intrisi di sangue.

Sulla fronte, a destra di chi guarda l'immagine, si notano due rivoli. Fuoriescono probabilmente da una ferita da punta che ha leso il ramo frontale dell'arteria temporale superficiale. Uno di questi scende lungo la capigliatura in direzione della spalla, l'altro quasi perpendicolarmente sulla fronte verso il sopracciglio. Il sangue parrebbe avere carattere arterioso. Al centro della fronte si vede una breve colatura che forma un 3 rovesciato, conseguente a una lesione della vena frontale. Le ferite prodotte dalla corona, o meglio dal casco, scendono da dietro fino alla nuca, dove si rilevano colature che ripetono la stessa fisionomia di quelle frontali. Secondo alcuni medici, fra cui Pierluigi Baima Bollone, le spine, conficcatesi profondamente, hanno leso qualche ramo dell'arteria occipitale e vene più profonde del plesso vertebrale posteriore.

Le lesioni, dolorosissime, specialmente durante il trasporto della Croce, possono aver provocato cecità temporanea, che giustificherebbe le cadute (vedi n. 65).

67

«Quando giunsero al luogo detto Cranio, là crocifissero lui e i due malfattori, uno a destra e l'altro a sinistra» (*Luca* 23,33).

Gesù fu spogliato completamente della tunica. Tenendo conto che il corpo era lacerato e coperto d'una miscela di sangue, sudore e polvere che si era ormai essiccata appiccicando i vestiti alla pelle, possiamo immaginare il dolore straziante che questo gesto provocò. Nei moderni ospedali un simile intervento viene a volte eseguito sotto anestesia generale per evitare al paziente il rischio di una sincope. È probabile che molte ferite abbiano ripreso a sanguinare.

Il condannato venne steso sulla croce e inchiodato, ma gli aguzzini avevano sbagliato la distanza dei fori laterali e dovettero dunque "strappare" fortemente il braccio destro fino a dislocarne le articolazioni. Sulla Sindone questo strappo è stato notato dai medici che hanno esaminato il telo.

Sull'impronta anteriore si osserva una ferita non nel palmo della mano, come vuole la tradizione iconografica. La visione classica dei chiodi nelle palme è, dunque, da escludere (vedi n. 14).

Il piede destro ha lasciato sulla Sindone un'impronta completa, mentre del sinistro si vede il tallone e il cavo plantare. Sulla Croce i due piedi erano quindi incrociati: il sinistro era collocato davanti e la sua pianta posava sul dorso del piede destro che appoggiava direttamente sul palo della Croce. Le macchie di sangue riscontrate sulla Sindone corrispondono perfettamente a piedi forati e appoggiati sulla Croce nel modo sopra descritto.

In pochi sanno che nella chiesa di San Francesco di una piccola località appenninica, Arquata del Tronto, si trova una copia della Sindone torinese. Si tratta di una fedele riproduzione del sacro lino con la stessa immagine dell'uomo sindonico, flagellato e crocifisso.

Il telo si compone di un unico panno tessuto in filo di lino lavorato con trama e ordito perpendicolari. Il lenzuolo, di forma rettangolare (m 4,40 di lunghezza e m 1,14 di altezza), mostra al centro, nello spazio tra le impronte del viso e della nuca, la scritta in stampatello «EXTRACTVM AB ORIGINALI» ("estratto dall'originale").

La sindone di Arquata fu rinvenuta nel corso dei lavori di conservazione e restauro della chiesa dedicata a san Francesco, eseguiti tra il 1980 e il 1981. Il telo era piegato e racchiuso all'interno di un'urna dorata nascosta dentro la nicchia di un altare.

Una pergamena – datata 1 maggio 1655, redatta ad Alba, firmata da Guglielmo Sanzia, cancelliere vescovile e notaio, e Paolo Brizio, vescovo e conte di Alba – ne costituisce il certificato di autenticazione. Nel documento vi è scritto che nello stesso anno, su petizione del vescovo Massimo Bucciarelli, segretario del cardinale Federico Borromeo, alla presenza di una commissione incaricata, nella piazza di Castelgrande di Torino, un lenzuolo di lino di egual misura fu fatto combaciare alla Sindone.

La sindone di Arquata venne poi considerata un prezioso oggetto di venerazione, poiché si riteneva che la sua sacralità fosse stata ricavata dal contatto diretto con il telo funebre che aveva avvolto il corpo di Cristo.

La necessità per la Chiesa cattolica di fornirsi di una copia della Sindone si spiegava essenzialmente nel volersi tutelare da possibili incidenti e furti che potessero occorrere all'originale che, oltretutto, era in possesso non del Vaticano ma dei Savoia. L'aver posto la copia in un luogo così nascosto conforta la tesi che questa volesse essere una sorta di "copia di sicurezza".

Ad Arquata i Francescani hanno custodito la copia gelosamente per secoli, limitando le ostensioni e utilizzandola per le processioni solo in casi eccezionali, l'ultima volta in occasione della seconda guerra mondiale. Anche la copia della sindone di Arquata, come le altre esistenti, è stata messa di nuovo a contatto con il sacro lino torinese. L'ultimo accostamento dei due teli è avvenuto nell'anno 1931 in occasione di un'ostensione. Questi contatti assumevano una forte valenza simbolica di "traslazione" e avevano lo scopo di rafforzare la sacralità delle copie che, secondo il credo popolare, ricevevano poteri taumaturgici e spirituali.

La reliquia arquatana, in perfetto stato di conservazione, è oggi custodita in una teca protettiva, appositamente commissionata e pagata dalla locale amministrazione comunale, al fine di preservarla da atti vandalici e dall'usura del tempo. Si trova permanentemente esposta nella chiesa francescana e costituisce uno dei motivi di attrazione della piccola città.

LA CAPPELLA DEL GUARINI
Quale simbologia?

La cappella che ospita la Sindone dal 1694 fu commissionata a Carlo di Castellamonte dal duca Emanuele Filiberto di Savoia per conservare il prezioso telo a Torino.

Con il tempo i progetti furono modificati e alla fine il lavoro fu affidato a Guarino Guarini, che rivoluzionò i disegni basando la costruzione su una pianta interna circolare, sopraelevata al presbiterio e comunicante direttamente con alcune sale del Palazzo Reale.

Una delle particolarità che più colpiscono della cappella è la cupola, ideata appositamente per creare un'illusione ottica suggestiva. Architetto geniale e innovativo, nonché brillante matematico, il Guarini creò una volta "trasparente", che si fondava su un artificio geometrico.

La luce filtra dai finestroni e dalle aperture superiori e accentua il verticalismo delle strutture. Il florilegio di simboli è esaltato dalla luminosità, che coinvolge emotivamente il visitatore.

Nell'iconografia si evidenziano figure, schemi e numeri: le stelle, i segni della Passione, le grottesche (decorazioni parietali in voga nel barocco), le linee curve e sinusoidali, il numero 3 e il colore nero. Ciascuno di questi elementi aveva per la cultura barocca un significato allegorico chiaro.

I marmi neri, insieme ai simboli dei capitelli, rimandano concettualmente alla reliquia custodita nella cappella.

Le grottesche, dipinte sui lati delle finestre delle rampe d'accesso, torsi senza membra e senza ragione, indicano la condizione irrazionale della materia bruta.

Le linee ondulate, ampiamente usate nella forma esterna della cappella, costituiscono un'esplicita allusione di carattere astrologico.

Un riferimento di questo tipo si può individuare anche nello schema di base dell'impianto della chiesa, che richiama quello rappresentativo dell'eclissi di sole, così come venne disegnato dal Guarini nell'opera *Caelestis Mathematicae*.

Le stelle presenti sul pavimento e sulla sommità della cupola hanno un chiaro riferimento astrologico e cosmologico.

Tutta l'opera fa riferimento al numero 3 e ai suoi multipli. All'esterno della cupola, nel tamburo, sei sono i finestroni, dodici sono gli archi esterni divisori, tre sono i gradini che sostengono la lanterna, la quale è a sua volta divisa in tre piccoli cilindri sovrapposti.

All'interno il numero 3 si trova nello schema planimetrico (prevalenza del triangolo equilatero), nei tre ambienti (due vestiboli e cappella), nell'iterazione delle colonne (a gruppi di tre), nelle tre volte in cui sono tripartite le scale e nelle tre nicchie per parte nelle pareti corrispondenti, nei tre arconi che rinserrano il tamburo della cupola, negli esagoni (multipli di 3) che decorano i sottarchi.

Questa serie di allusioni simboliche, strettamente connesse con la funzione della cappella, era subito percepita da fedeli e visitatori in un contesto – quello della corte torinese – che esaltava la Sindone per il suo significato mistico e per l'aura esoterica che circondava la reliquia.

LA BASILICA DEL SANTO SEPOLCRO
Un ritorno alla Terra Santa?

Il 4 maggio 2003, festa liturgica della Santa Sindone a Torino, l'allora arcivescovo della città, cardinale Severino Poletto, custode pontificio della Sindone, benedisse alcune copie fotografiche di grandezza naturale, eseguite dopo gli interventi di restauro, destinate a santuari e cattedrali tra i quali figurava anche Gerusalemme, inizialmente la basilica del Santo Sepolcro.

Il 10 gennaio 2004, monsignor Giuseppe Ghiberti, presidente della commissione diocesana per la Sindone di Torino, portò la copia a Gerusalemme per consegnarla ufficialmente ai Frati Minori della Custodia di Terra Santa, con un gruppo di pellegrini. Per l'occasione la Custodia e lo Studium Biblicum Franciscanum organizzarono un evento accademico con docenti e studenti della Facoltà di Scienze bibliche e Archeologia, invitando anche varie personalità che riempirono l'Auditorium di San Salvatore. In genere, gli esegeti del Nuovo Testamento si sono sempre mostrati restii a interessarsi della Sindone, tranne qualche eccezione. Monsignor Ghiberti invita da tempo i biblisti a prestare attenzione ai possibili rapporti tra esegesi biblica e sindonologia.

Proprio in quella occasione affermò che «da un lato, non è impossibile che la Sindone sia del I secolo dell'era cristiana e che abbia avvolto il cadavere di Gesù deposto dalla croce», tuttavia riconobbe anche con grande lucidità che «d'altro canto, la fede non potrà mai far dire a nessuno che "l'uomo della Sindone è Gesù di Nazaret", perché questa può essere solo una conclusione scientifica».

L'ESOTERISMO

I TEMPLARI
Un legame segreto con la Sindone?

Come abbiamo visto, c'è un filo che lega la Sindone all'austero esercito dei Templari, nato dopo la Prima Crociata per proteggere i pellegrini in Terra Santa, e diventato poi una grande potenza finita sui roghi con l'accusa di eresia (vedi n. 23).

Secondo alcuni studiosi – dopo il saccheggio di Costantinopoli, per opera dei veneziani e dei francesi, nel corso della Quarta Crociata – il lenzuolo passò in mano ai monaci-cavalieri dell'ordine per essere conservato e adorato in gran segreto.

A sostegno di questa tesi vi sarebbero le testimonianze sul culto templare di un idolo misterioso, un volto di uomo barbuto: il "Bafometto" (vedi n. 72). Si azzarda l'ipotesi che tale volto possa identificarsi con quello impresso sul *Mandylion* conservato a Costantinopoli dall'imperatore bizantino.

In un saggio avvincente, dal titolo *I templari e la Sindone di Cristo* (Il Mulino 2009), la studiosa Barbara Frale ha esaminato alcuni documenti secondo i quali la misteriosa "testa di uomo barbuto" – che nel processo per eresia venne usato come capo d'accusa contro l'ordine per incolparlo di idolatria satanica – sarebbe in realtà una particolare immagine di Cristo morto visto su un telo che avrebbe tutte le caratteristiche della Sindone di Torino. Nel 1950 fu ritrovato a Templecombe, in Inghilterra, in una vecchia casa templare, il coperchio di una cassetta sul quale era dipinto un volto che alcuni hanno definito molto simile a quello sindonico (vedi n. 36). I sostenitori della "pista templare" ipotizzano che questa cassetta contenesse proprio la Sindone. Si è notato, tuttavia, che la somiglianza tra il volto di questo pannello e l'immagine sindonica si limita al fatto che in entrambi i casi vi è un uomo con la barba e i capelli lunghi (peraltro il volto del pannello è ben vivo – ha gli occhi aperti – e non ha i segni della Passione). È davvero poco per stabilire una relazione tra le due immagini e ancor meno per suffragare l'ipotesi di avere scoperto il bauletto della Sindone. Anche la datazione del legno del pannello, fatta da esperti, ha suscitato dubbi sulla compatibilità di quest'oggetto con l'epoca dei Templari.

Quanto poi all'adorazione del Bafometto – dalla quale si vorrebbe trarre un indizio del possesso da parte dei Templari – essa altro non era secondo gli storici che una delle molteplici false accuse mosse all'ordine cavalleresco, accusa strumentale, finalizzata alla decisione di sopprimere quei cavalieri, sempre più temuti e invisi a causa del loro crescente potere politico ed economico.

Alla "pista templare" si oppone anche una contestazione di ordine logico e storico. Se i Templari fossero mai entrati in possesso della Sindone, perché avrebbero dovuto tenere segreta questa circostanza? Tutta la storia delle sante reliquie va in senso diametralmente opposto. Il possesso di una reliquia, e tanto più una reliquia di così alto significato, era infatti fonte di prestigio, potere e guadagno: la logica del tempo avrebbe voluto che essa fosse stata resa pubblica e ben visibile.

IL BAFOMETTO
L'idolo dei Templari era la Sindone?

Il Bafometto – l'etimologia del nome è incerta – è un'enigmatica figura con la testa di capro che si trova nei libri antichi di storia dell'occultismo. Dai cavalieri Templari del Medioevo ai Massoni del XIX secolo, fino alle moderne correnti esoteriche, il Bafometto non ha mai smesso di creare curiosità e polemiche. Alcuni studiosi ritenevano fosse in realtà la Sindone, salvata dagli stessi Templari durante la Quarta Crociata (vedi n. 71).

Qual è il vero significato di questa figura simbolica? Davvero i Templari la adoravano?

Testimonianze su questa sorta di idolo si trovano in documenti che risalgono addirittura all'XI secolo. Nei secoli successivi il Bafometto viene sempre legato alla magia, alla stregoneria, al satanismo e, talvolta, fa la sua comparsa anche nella cultura popolare a identificare una sorta di capro espiatorio.

Si ritiene che il nome *Baphomet* tragga origine da una storpiatura francese del nome di Mohammed, il profeta dell'Islam (latinizzato in Maometto). Secondo un'opinione diffusa – ma priva di prove concrete a sostegno – durante le Crociate i cavalieri Templari, che rimasero per periodi di tempo prolungati nei Paesi del Medio Oriente, sarebbero venuti a conoscenza degli insegnamenti del misticismo arabo. Il contatto con le credenze orientali avrebbe permesso loro di portare in Europa i primi elementi di quello che sarebbe diventato l'occultismo occidentale: gnosticismo, alchimia, cabala, sufismo. L'amicizia dei Templari con i musulmani portò la Chiesa ad accusarli del culto di un idolo chiamato, appunto, Bafometto. Come si è visto nel capitolo precedente, l'accusa non aveva grande fondamento (vedi n. 71). Vi sono invece alcuni collegamenti plausibili tra il Bafometto e Maometto.

Viene ampiamente riconosciuto dai ricercatori che la figura del Bafometto fu di grande importanza nei rituali dei cavalieri Templari. La prima comparsa del nome è in una lettera del 1098 del crociato Anselmo de Ribemont in cui si affermava: «Non appena il giorno nuovo sorse chiamarono a gran voce Bafometto, mentre noi pregavamo nel silenzio dei nostri cuori Dio. Quindi attaccammo e riuscimmo a respingere tutti i nemici al di fuori delle mura».

Durante i processi del 1307, nei quali per volere del re Filippo IV di Francia (1268-1314) vennero interrogati e torturati i Templari rimasti, il nome del Bafometto venne menzionato più volte. Mentre alcuni ne negarono l'esistenza, altri lo descrissero come il «busto d'un uomo barbuto», altri come un gatto, altri ancora come un mostro con le corna e tre teste.

Una parte della saggistica storica nega qualsiasi legame tra i Templari e il Bafometto, sostenendo che esso fu un'invenzione della Chiesa di allora per condannarli al rogo, ridurre il loro potere e accaparrarsi le loro ricchezze. Al contrario, quasi tutti i filologi che si sono occupati di storia dell'occultismo riconoscono tale collegamento. L'idolo viene spesso definito, infatti, come "il Bafometto dei Templari".

LA QUARTA CROCIATA
Ottone de la Roche rubò la Sindone?

Un'ipotesi diffusa fra molti ricercatori sostiene che fu Ottone de la Roche, uno dei comandanti della Quarta Crociata, acquartierato vicino a Blacherne, a impossessarsi della Sindone-*Mandylion*. Blacherne era una zona di Costantinopoli in cui era situato il palazzo imperiale, nella cui cappella palatina, Santa Maria delle Blacherne, sarebbe stato conservato il *Mandylion*.

Nel 1205 un nobile bizantino scriveva a papa Innocenzo III che il sacro lino – trafugato dal cavaliere templare – era stato portato ad Atene, ed esprimeva sdegno per il saccheggio delle tante reliquie invocando l'intervento del Pontefice per recuperarle.

Tempo dopo, Ottone avrebbe portato la Sindone-*Mandylion* a suo padre, Ponzio de la Roche, a Besançon. In seguito, forse per difenderla da altri furti, sarebbe stata consegnata nelle mani del re Filippo VI e da questi donata a Goffredo de Charny in ricompensa del suo valore (vedi n. 38), come afferma un documento del 1525 redatto dai canonici di Lirey. O, altra ipotesi, sarebbe stata ereditata dalla moglie di Goffredo, Giovanna de Vergy, discendente di Ottone.

È da notare però che, proprio a Besançon, è attestata l'esistenza, in quella stessa epoca, di un'altra sindone, molto venerata a partire dal XIII secolo, perché si riteneva avesse poteri miracolosi. E anche questa sindone, secondo la leggenda, sembrava essere stata salvata durante le Crociate. Era simile a quella di Torino, ma più piccola (m 2,60 x 1,30 circa) e mostrava solo la parte anteriore del corpo, con la ferita sul costato situata nella parte sinistra. Questa seconda sindone pareva andata distrutta in un incendio nel 1349, ma nel 1377 i canonici della cattedrale sostennero di averla ritrovata intatta in un armadio scampato all'incendio. La "sindone ritrovata" tornò a essere venerata ancora per molto, destinata a coesistere con la Sindone di Torino fino al 1794, quando fu definitivamente distrutta durante la Rivoluzione francese.

Un'ulteriore diversa ipotesi è che la Sindone di Torino sia stata nella cattedrale di Besançon fino al 1349, quando Giovanna de Vergy se ne sarebbe riappropriata, approfittando dell'incendio per simularne la distruzione ed evitare le proteste dei fedeli. L'avrebbe poi portata con sé a Lirey; la sindone ritrovata nel 1377 sarebbe stata dunque una copia.

Come abbiamo già visto (vedi nn. 71 e 72), secondo Ian Wilson e altri, sarebbero stati invece i Templari a prendere la Sindone e a custodirla in gran segreto fino allo scioglimento dell'ordine (1314), cioè quando l'ultimo Gran Maestro Jacques de Molay venne messo al rogo, insieme a un alto dignitario dell'ordine, Goffredo de Charny, omonimo e forse parente di colui che quarant'anni dopo espose pubblicamente la Sindone.

È da notare che nella storia non si registrerebbero altri casi di reliquie occultate. Al contrario per "contenere" ed esporre le reliquie si edificavano grandiose cattedrali che potessero ospitare i pellegrini. Il presunto "possesso segreto" della Sindone da parte dei Templari pare dunque non avere alcuna validità storica.

LE DUE SINDONI
Perché due sudari a Besançon?

A Besançon, in Francia, a circa duecento chilometri da Lirey, si trovava un'altra sindone (vedi anche n. 73). Sembra vi fosse giunta nel 1208. Era più piccola della Sindone di Torino (m 2,60 x 1,30) e mostrava solo l'immagine anteriore. Era oggetto di un'intensa venerazione, meta di molti pellegrinaggi, perché ritenuta miracolosa.

La sindone di Besançon scomparve in un incendio nel 1349, ma nel 1377 i canonici della cattedrale annunciarono di averla ritrovata intatta in un armadio. Nel 1794 andò definitivamente distrutta durante la Rivoluzione francese.

Alcuni storici ipotizzano che questa, e non quella di Torino, fosse la Sindone-*Mandylion* che veniva esposta a Costantinopoli fino al 1204. Altri ipotizzano invece che la sindone scomparsa nell'incendio del 1349 fosse quella di Torino (l'incendio in cui venne data inizialmente per distrutta precede di pochissimi anni la comparsa di quest'ultima a Lirey) e che quella "ritrovata" nel 1377 fosse una copia; altri ancora suppongono che proprio la Sindone di Torino fosse una copia effettuata per sfruttare la fama di quella della vicina Besançon al fine di attirare a Lirey i pellegrini, sospetto che, dopo la prima ostensione del 1357, portò il vescovo di Troyes, Enrico di Poitiers, a chiedere, senza successo, di esaminare il telo, che venne tenuto nascosto fino al 1389.

Tuttavia, poiché l'arrivo in Occidente della Sindone è posto da molti autenticisti in relazione alle Crociate, appare utile tener conto che tale periodo storico è segnato dalla comparsa improvvisa in Medio Oriente di un gran numero di reliquie, di cui fino ad allora non si conosceva l'esistenza. Fioriva, inoltre, un grande commercio di tali oggetti, che venivano acquistati dai Crociati e spesso donati a chiese o sovrani al loro ritorno in patria.

La maggior parte delle reliquie presenti nell'Europa occidentale ha questa storia e sono forti i dubbi sulla loro autenticità. Nella società medievale il possesso di reliquie aveva significati anche ulteriori a quello propriamente devozionale. Erano fonte di prestigio e, più prosaicamente, di ingenti guadagni a causa dei pellegrinaggi che erano in grado di attrarre. Non stupisce allora che un centro religioso e politico come Costantinopoli fosse depositario di reliquie del massimo valore. Infatti, oltre al *Mandylion*, è testimoniata a Costantinopoli la presenza delle reti da pesca degli apostoli, delle ceste utilizzate per la moltiplicazione dei pani e dei pesci, della mangiatoia utilizzata come culla a Betlemme, finanche all'Arca di Noè, e così via. Non dovrebbe destare meraviglia allora che anche a Costantinopoli vi fosse un lenzuolo funebre ritenuto essere il sudario di Cristo, e del resto solo uno dei molti censiti nella storia delle sante reliquie. Per cogliere il parossismo del culto delle reliquie basti pensare che tra esse pare vi fosse anche la testa decollata di Giovanni Battista e infiniti frammenti della cosiddetta Vera Croce di Cristo sparsi per tutto il mondo orientale e occidentale.

IL GRAN MAESTRO
Jacques de Molay è l'Uomo della Sindone?

Christopher Knight e Robert Lomas nel volume *La chiave di Hiram* (Mondadori 2013) hanno azzardato la tesi, a dire la verità alquanto incerta, che l'immagine dell'Uomo della Sindone sia quella dell'ultimo Gran Maestro dei Templari, Jacques de Molay, torturato dagli inquisitori che lo avrebbero poi deposto in un telo di lino, svenuto, prima di metterlo sul rogo. L'immagine del cavaliere templare si sarebbe misteriosamente impressa sul telo.

Jacques de Molay fu arrestato nell'ottobre del 1307 dai balivi e dai siniscalchi regi per ordine di Filippo il Bello di Francia su richiesta del tribunale ecclesiastico dell'Inquisizione.

Storicamente non ci sono notizie precise su come venne torturato de Molay. Knight e Lomas affermano che, dopo pesanti supplizi, il grande inquisitore Guillaume Imbert prese un lenzuolo e vi avvolse il corpo, ormai quasi cadavere, come ultimo segno di disprezzo verso la massima autorità templare. L'ipotesi è pressoché insostenibile.

La più nota rappresentazione dell'ultimo Gran Maestro resta quella del Royal Manuscript 20 C VII, conservato alla British Library di Londra, databile verso la fine del XIV secolo: vi sono raffigurati il Precettore di Normandia Geoffroy de Charny (ca. 1251-1314) e Jacques de Molay, legati a un palo e bruciati vivi. Nessuno dei due presenta i segni delle tumefazioni provocate dalle torture. Secondariamente, uno di essi ha la barba, ma entrambi hanno i segni della tonsura monacale e questo particolare sulla Sindone di Torino non si rileva.

La letteratura templare ci racconta anche altre leggende affascinanti sul personaggio.

Jacques de Molay fu giustiziato a Parigi, sull'isola della Senna detta "dei Giudei", nei pressi della cattedrale di Notre Dame il 18 marzo 1314. Mentre il fuoco ardeva, si racconta che ebbe il fiato per lanciare quattro maledizioni.

La prima. Rivolgendosi a papa Clemente V urlò: «Tu morirai entro 40 giorni». Avvenne che il 20 aprile del 1314, 33 giorni dopo l'esecuzione, Clemente V, vittima di un tumore intestinale fulminante, si spense nel paese francese di Roquemaure, nel dipartimento del Gard.

La seconda. Rivolgendosi al re Filippo IV di Francia gli annunciò: «Tu morirai entro la fine del 1314». Il 29 novembre 1314 Filippo cadde da cavallo e morì, colpito da ictus celebrale durante una battuta di caccia.

La terza. Profetizzando sulle sorti della monarchia francese disse: «La casa reale francese cadrà definitivamente entro la tredicesima generazione da Filippo IV». Gli storici francesi si accorsero che Luigi XVI, ultimo re di Francia, ghigliottinato a Parigi il 21 gennaio 1793, era proprio il tredicesimo discendente di Filippo IV.

La quarta. Scagliandosi contro la Chiesa profetizzò: «Il papato terminerà entro settecento anni dalla mia morte». Jacques de Molay fu giustiziato il 18 marzo 1314 e 699 anni dopo, il 13 marzo 2013, Jorge Mario Bergoglio diventava Papa per la prima volta nella storia insieme a un papa emerito vivo e vegeto, Benedetto XVI, che aveva rinunciato al soglio.

La leggenda si intreccia sempre un po' con la storia.

I CAVALIERI CHE FECERO L'IMPRESA
Cosa racconta il film di Pupi Avati?

Nel 2001 il regista Pupi Avati diresse il film *I cavalieri che fecero l'impresa*. Girato in Puglia, soprattutto a Barletta, la trama riprende con dovizia di particolari e mirabile ricostruzione storico-scenografica la "pista templare" che collega la Sindone ai monaci-cavalieri.

Nel 1271 la Settima Crociata, che aveva lo scopo di convertire Tunisi, fallisce. Durante la ritirata vengono trasportate, lungo la nostra penisola, le spoglie del Re Santo, Luigi IX. Nel lungo viaggio, cinque cavalieri s'incontrano; sono molto diversi fra loro per storia e carattere, ma dividono lo stesso incredibile segreto: la scoperta del luogo dov'è stata nascosta, da alcuni traditori della corte di Francia, la Sacra Sindone.

I cinque giovani decidono di unire le loro sorti, mossi dal sogno di ritrovare il prezioso lenzuolo, decisi a realizzare qualcosa di grande, tutti insieme, e a non far naufragare del tutto le attese della fallita Crociata. Appreso da un documento che il sudario è custodito in Grecia, intraprendono un lungo viaggio che li porta dall'Appennino tosco-emiliano fino a Otranto, e dalla Puglia fino a Tebe, in Grecia. Là un gruppo di traditori ha nascosto la reliquia, conservandola appesa al rovescio e usandola per riti satanici.

Recuperata la reliquia, tornano in patria, si recano dal signore di Charny per restituirla, ma vengono uccisi. La Sindone scomparirà dalla ribalta della storia e verrà esposta solo ottant'anni dopo il tragico epilogo.

Recentemente lo storico Daniel Scavone ha avanzato l'ipotesi che il Graal fosse in realtà la Sindone. Egli ipotizza che la leggenda del Graal sia stata ispirata dalle frammentarie notizie giunte in Occidente di un oggetto legato alla sepoltura di Gesù che ne "conteneva" il sangue; queste notizie si sarebbero poi fuse con leggende preesistenti che parlavano di una coppa, di un catino o di un piatto.

A supporto di questa teoria Scavone nota che, secondo alcune fonti, il Graal offriva una particolare "visione" di Cristo nella quale egli appariva prima come bambino, poi via via più grande, infine adulto: egli azzarda che queste fonti riportassero, in modo impreciso, un rituale nel quale la Sindone veniva dispiegata a poco a poco, così che la sua immagine diventava visibile man mano che il rito procedeva, fino a mostrarsi nella sua interezza.

Scavone è convinto che la notizia secondo cui Giuseppe d'Arimatea avrebbe raggiunto la Gran Bretagna deriverebbe da un'errata lettura della parola "Britio", nome del palazzo reale di Edessa (dove, secondo molti storici, la Sindone si trovava tra il VI e il X secolo), che sarebbe stata fraintesa per Britannia.

Inoltre, qualcuno ha fatto osservare una curiosa coincidenza: Templecombe (vedi nn. 36 e 71) dista una quarantina di chilometri dall'abbazia di Glastonbury, notoriamente legata alla leggenda del Graal. Il legame Graal-Templari è stato a lungo dibattuto e sulla questione esiste una bibliografia sconfinata.

IL SACRO CATINO DI GENOVA
Quale legame con la Sindone?

Una delle fonti più antiche inerenti la ricerca del Graal narra di un calice argenteo a due manici che fu tenuto nel reliquiario di una cappella vicino a Gerusalemme. Questa notizia viene riportata da una fonte, quella relativa a un pellegrino anglosassone di nome Arculfo, vissuto nel VII secolo, il quale affermava di aver toccato il Sacro Calice. Questa è anche l'unica testimonianza che colloca il Graal in Terra Santa. È però importante notare come una tradizione simile descriva un episodio avvenuto intorno al 670 circa: Arculfo, vescovo di Périguex, approdò alle isole Ebridi in seguito a un naufragio, venne accolto da Adamnan, l'autore della vita di san Colombano. Arculfo raccontò al suo ospite che durante il pellegrinaggio a Gerusalemme era riuscito a vedere il sudario di Cristo dopo la deposizione dalla croce, descrivendola come una tela lunga otto piedi.

Non fa alcun riferimento al volto impresso, non specifica altro; cosa vide in realtà Arculfo? La Sindone o il Graal? O forse vide un oggetto diverso che nel tempo ha cambiato varie volte nome e aspetto?

Quella conservata a Costantinopoli sarebbe stata una copia del Graal. Questo almeno afferma una fonte riconducibile al XIII secolo, e più esattamente il romanzo *Titurel il giovane*.

La copia sarebbe stata trafugata dalla chiesa del palazzo del Boukoleon, durante la Quarta Crociata, e portata da Costantinopoli a Troyes da Garnier de Trainel, decimo vescovo di Troyes, nel 1204. Testimoni affermano che nel 1610 la copia era ancora al suo posto, ma scomparve durante il periodo della Rivoluzione francese.

Anche in questo caso, il dubbio espresso per quanto riguarda l'oggetto descritto da Arculfo diventa legittimo, perché proprio Costantinopoli era famosa per custodire la Corona di Spine, la Sindone e anche la Croce di Cristo, portata in città dall'imperatore bizantino Eraclio nel 629. Ancora una volta è lecito chiedersi: cosa identifica esattamente il termine Graal?

Anche l'Italia rientra nei luoghi dove potrebbe essere transitato il misterioso calice; uno di questi luoghi potrebbe essere Genova, e più esattamente la cattedrale di San Lorenzo, nella quale si conserva una coppa di forma esagonale conosciuta come il Sacro Catino.

Si tratta di un calice di vetro egiziano verde, che la tradizione vuole sia stato intagliato in uno smeraldo (ancora riferimenti alle tradizioni esoteriche, in questo caso allo smeraldo di Lucifero). Dopo la conquista dell'Italia da parte di Napoleone, il "catino" fu portato a Parigi e al suo ritorno in Italia si ruppe; molte le ipotesi sulla sua origine, da quella di Guglielmo di Tiro che lo vuole come custodito in una moschea a Cesarea nell'anno 1101, a quella di origine spagnola che lo vuole ritrovato da Alfonso VII di Castiglia durante la presa della città di Almeria nel 1147, battaglia alla quale parteciparono anche i Genovesi.

L'identificazione del Sacro Catino con il Santo Graal – e forse con la Sindone-*Mandylion* – avviene nel XIII secolo, ad opera di Jacopo da Varagine.

ESSENI, SINDONE E MASSONERIA
Ci sono intrecci plausibili?

L'ipotesi esoterica di una Sindone legata ai Templari e, in seguito, alla Massoneria francese, si basa su una storia per certi versi affascinante, ma assai fragile.

Secondo questa tesi, i Templari, durante la Prima Crociata, non si trovavano a Gerusalemme per difendere la via dei pellegrini: quella "missione" sarebbe stata una copertura. Lo scopo vero della loro presenza era quello di cercare tra le rovine del Secondo Tempio, distrutto dai Romani nel 70 d.C., i rotoli degli Esseni.

Gli Esseni, perseguitati da Roma, avevano nascosto i loro rotoli nelle grotte di Qumran, sulle rive del Mar Morto (ritrovati fortuitamente nel 1947), ma i rotoli più preziosi pare fossero stati messi al sicuro nelle segrete del Tempio, ritenute inaccessibili.

Il motivo per cui i Templari cercassero quei rotoli è oscuro. Si teorizza che i monaci-cavalieri fossero in realtà alla ricerca di un tesoro, e invece trovarono qualche rotolo, fra cui un sudario funebre avvolto e legato. Sembra che il templare Goffredo di Saint-Omer fece ritorno in Francia con alcuni di questi reperti e li consegnasse al vecchio abate Lamberto di Saint-Omer.

Lamberto è noto per un suo disegno del 1120 in cui rappresenta, nel suo *Liber Floridus*, la Gerusalemme Celeste; l'illustrazione abbonderebbe di simboli poi ripresi dal movimento massonico circa mezzo secolo più tardi.

La trama di questa complessa ricostruzione si dipana affermando che quei simboli fossero stati mutuati da Lamberto scrutan-

do i rotoli e che pertanto l'origine fosse da ascrivere agli Esseni.
I rotoli dovevano essere dello stesso tenore di quelli di Qumran,
ma il fatto che fossero conservati nel Tempio ne attesterebbe
maggiore importanza.

Gli Esseni erano una setta ebraica nata probabilmente nel II a.C.
e organizzata in comunità di tipo monastico con le quali, secondo alcuni, entrò in contatto anche Gesù. Il capo della comunità
era chiamato "Maestro di giustizia".

Qualche studioso assimila i loro riti iniziatici a quelli della Massoneria, sostenendo l'ardita tesi che i Massoni, tramite l'opera che
svolsero i Templari, sarebbero gli ideali discendenti degli Esseni.
Nel 66 d.C. scoppiò una delle tante rivolte ebraiche con conseguente feroce repressione da parte dei Romani; gli Esseni, temendo per i loro rotoli, decisero di nasconderli nelle grotte di
Qumran, ma i più importanti sarebbero stati nascosti nelle segrete del Tempio.

L'ardita tesi esoterica sostiene che nel I secolo d.C. i più influenti fra gli Esseni fossero Gesù il Nazoreo, suo fratello Giacomo e il
loro cugino Giovanni il Battista.

Stando a questo, Gesù non era il Nazareno, ma il Nazoreo, termine che per alcuni indicherebbe il gruppo religioso mentre
per altri il titolo di Gran Maestro o Maestro Giusto.

La tesi è audace, ma il carattere di segretezza che avvolge la vicenda sindonica si conferma nello scorrere i nomi legati al telo
che nei secoli sono sempre gli stessi: Ottone de La Roche, Charney, Charny, Humbert de La Roche, i Lusignano. Come se questi
rotoli, insieme alla reliquia, fossero passati di casato in casato
per stretti vincoli d'iniziazione e parentela.

LEONARDO DA VINCI
La prima fotografia della storia umana?

Un suggestivo filo rosso che intreccia le ipotesi sull'origine del sacro lino è quello che si lega a Leonardo da Vinci e alla società segreta del Priorato di Sion.

Proprio dietro il duomo di Torino, nella biblioteca del Palazzo Reale, è conservata un'immagine famosa in tutto il mondo: l'autoritratto presunto di Leonardo. La somiglianza con il volto sindonico è stupefacente.

Le ricostruzioni che incasellano il genio fiorentino come un "iniziato" e le società segrete "committenti" di un falso sudario sono numerose.

C'è tuttavia un'obiezione di carattere cronologico. Infatti, pur prendendo per buona la possibilità che la Sindone sia un falso medievale databile tra il 1260 e il 1390, secondo la prova del carbonio 14 (vedi n. 45), si sa che Leonardo visse tra il 1452 e il 1519. Alcuni ribattono che Leonardo avrebbe usato un telo più antico. Sappiamo che la Sindone presentata nel 1357 fece storcere il naso a molti, prelati compresi, poiché sembrava fosse l'ennesimo tentativo maldestro di far passare per il sudario di Cristo un lino dipinto in malo modo.

La Sindone oggi conservata a Torino tornò sulla scena proprio nel periodo in cui Leonardo intrecciava stretti legami con i Savoia, con papa Leone X, fratello di Giuliano di Lorenzo de' Medici duca di Nemours, per cui Leonardo lavorava, sposato con Filiberta di Savoia.

La "pista leonardesca" sostiene che il Papa gli avesse commissionato il lavoro, e che Leonardo avesse accettato la sfida, apparentemente impossibile, di realizzare un "sudario di Cristo" che non venisse deriso dal popolo nell'arco di ventiquattro ore. Esisteva già a quel tempo, nel castello di Fontanellato, una primitiva *camera obscura*. Leonardo aveva già mostrato un grande interesse per il suo particolare meccanismo di proiezione rovesciata. Se Leonardo avesse messo a punto un processo chimico in grado di fissare in qualche modo la luce su un supporto tessile, come ad esempio il lino, sarebbe stato perfettamente in grado di realizzare il misterioso telo che ancora oggi affascina gli studiosi di mezzo mondo.

Nicholas Alan, uno studioso sudafricano della Sindone, ha provato a realizzare qualcosa di simile, utilizzando solo le tecniche e i materiali conosciuti al tempo di Leonardo. Piazzando una figura umana di fronte a una camera oscura, e collocando al suo interno un drappo di lino ricoperto di particolari sostanze vegetali, a mo' di lastra fotografica, ha ottenuto un risultato piuttosto simile a quello che vediamo sulla Sindone torinese.

Se questa fosse la soluzione dell'enigma, non solo ci troveremmo di fronte alla prima fotografia scattata nella storia dell'umanità, ma quasi certamente avremmo anche un soggetto eccezionale: Leonardo medesimo.

È noto, infatti, come il maestro toscano amasse comparire nelle proprie opere, celato sotto forme diverse, e in questo caso la somiglianza fra il volto di Leonardo e quello dell'Uomo della Sindone è troppo forte per non pensare che sia stato lui stesso. L'ipotesi, tuttavia, è ben lontana dall'essere dimostrata.

LA RELIGIONE

LA SINDONE EVANGELICA
Quali notizie dalle Scritture?

Secondo i racconti dei vangeli, dopo la morte il corpo di Gesù fu deposto dalla croce avvolto in un lenzuolo e trasposto nel sepolcro. Gli evangelisti Luca e Giovanni menzionano i tessuti funebri anche dopo la Risurrezione. Della cosiddetta "sindone evangelica" non viene fornita alcuna descrizione circa le dimensioni e la stoffa. Viene detto che, oltre al lenzuolo per il corpo, fu utilizzato anche un fazzoletto separato per la testa. L'evangelista Giovanni parla di "bende". Circa la conformazione geometrica si è ipotizzato che la descrizione di Giovanni sia compatibile con la Sindone torinese. Secondo la scuola esegetica di Madrid, infatti, il traduttore greco dell'originale aramaico avrebbe letto al plurale la parola aramaica che significa "striscia di tessuto" e, quindi, avrebbe tradotto con "bende". Secondo tale interpretazione si sarebbe trattato di un "duale" (forma che esprime la quantità di due), che nella scrittura consonantica dell'aramaico si scrive allo stesso modo. Giovanni parlerebbe quindi di un "doppio lenzuolo", cioè steso sopra e sotto il corpo di Gesù, come mostra la Sindone. La tesi è sostenuta da José Miguel García in *La vita di Gesù nel testo aramaico dei Vangeli* (BUR, Milano 2005). È probabile che il telo e il sudario siano stati conservati dalla primitiva comunità cristiana, pur non essendo presente alcun esplicito accenno o riferimento, nei vangeli, circa la presenza di un'immagine. È da notare che la legge ebraica non accettava la raffigurazione di idoli. Si ricordi Esodo: «Non ti farai idolo né immagine alcuna» (*Esodo* 20,4).

Nel Nuovo Testamento il sudario viene esplicitamente citato solo in occasione della deposizione nel sepolcro. I sostenitori dell'autenticità ipotizzano che dopo la Risurrezione di Gesù il lenzuolo sia stato conservato e venerato dalla primitiva comunità cristiana di Gerusalemme, ipotesi non accettata dallo storico del cristianesimo Mauro Pesce, secondo il quale non vi è notizia di questa conservazione, perché contraria alla concezione di fede dei giudeo-cristiani dei primi secoli.

I segni della Sindone di Torino trovano un riscontro nella narrazione dei vangeli circa l'esecuzione capitale di Gesù di Nazaret, ma non in quella della sepoltura. Ci sono, infatti, parole meno chiaramente interpretabili, perché i vangeli sinottici – Marco, Matteo e Luca – sono più parchi di particolari, mentre Giovanni parla di "bende" e di un sudario per il capo: «Giunse intanto anche Simon Pietro che lo seguiva ed entrò nel sepolcro e vide le bende per terra, e il sudario, che gli era stato posto sul capo, non per terra con le bende, ma piegato in un luogo a parte» (*Giovanni* 20,5-6). Nel resoconto giovanneo c'è una sorta di contraddizione con i sinottici e anche con la Sindone, in quanto il sudario era il fazzoletto che veniva posto sul capo del defunto (vedi n. 3) e che nella sua versione viene citato anche in occasione della risurrezione di Lazzaro: «Gesù gridò a gran voce: "Lazzaro, vieni fuori!". Il morto uscì, con i piedi e le mani avvolti in bende, e il volto coperto da un sudario» (*Giovanni* 11,43-44).

I VANGELI APOCRIFI
Si parla della Sindone?

Nel II secolo il *Vangelo degli Ebrei* – uno scritto apocrifo diffuso tra i giudeo-cristiani e andato perduto – accenna al sudario: «Il Signore, dopo aver dato il lino funebre al servo del sacerdote, apparve a Giacomo» (citato da Girolamo, *Uomini illustri,* cap. 2). Alcuni studiosi identificano questo «servo del sacerdote» con personaggi dei vangeli canonici: il servo Malco, citato dall'evangelista Giovanni, o anche Pietro l'apostolo, ipotizzando una corruzione del testo latino (Pietro non era un servo).

Lo storico del cristianesimo Mauro Pesce osserva che né il *Vangelo degli Ebrei* né il testo di Girolamo (vissuto due secoli dopo) affermano che sul sudario fossero impresse immagini di sorta.

Il *Vangelo di Nicodemo*, datato II secolo, nelle varie redazioni pervenute accenna al lino funebre e al sudario come presenti nel sepolcro dopo la Risurrezione. Non si accenna a una figura impressa.

Il *Vangelo di Gamaliele*, giunto a noi su un manoscritto etiope del V-VI secolo, riporta gli eventi della Risurrezione nominando sedici volte le "bende" di Gesù. Secondo questo testo Pilato si recò al sepolcro vuoto, poi «prese le bende mortuarie, le abbracciò e, per la commozione, scoppiò in lacrime». Anche in questo racconto agiografico non si parla di immagini impresse, ma si narrano miracoli: un soldato recupera miracolosamente la vista e il "buon ladrone" viene risuscitato. Le bende diventano oggetto di culto: «Tutto il popolo, quelli della regione di Samaria e i pagani volevano vederle».

LA CHIESA CATTOLICA
Qual è il giudizio sull'autenticità?

Ci sono molte ragioni che spingono a credere nell'autenticità del lenzuolo, ma altrettante che giocano contro, in particolare lo studio più famoso compiuto su di essa, la datazione radiometrica, che lo fa risalire all'epoca medievale (vedi nn. 45 e 46). La Chiesa istituzionale non ha mai avallato ufficialmente l'ipotesi dell'autenticità, sebbene nel corso del XX secolo diversi pontefici abbiano espresso la loro personale opinione favorevole: si tratta di un convincimento personale che tocca la sfera spirituale.

Giovanni Paolo II, in particolare, nonostante avesse dato favorevoli opinioni personali nei primi anni del pontificato, in visita alla Sindone il 24 maggio 1998 affermò che la Chiesa cattolica non si esprime ufficialmente sulla questione dell'autenticità, perché lascia alla scienza il compito di esaminare i pro e i contro.

La Chiesa autorizza tuttavia la venerazione della Sindone, perché la considera un'*icona* della Passione di Gesù, come ebbe a dire il cardinal Ballestrero nel 1988, durante la lettura dei risultati degli esami al radiocarbonio. Tale termine è denso di significato spirituale, ma si distanzia dal termine *reliquia* (vedi n. 85).

La Chiesa cattolica non ha mai riconosciuto la Sindone di Torino come "miracolosa". La posizione ufficiale è stata espressa nel discorso del 24 maggio 1998 da papa Wojtyła: «Non trattandosi di una materia di fede, la Chiesa non ha competenza specifica per pronunciarsi. Essa affida agli scienziati il compito di continuare a indagare».

85
LA TEOLOGIA
Icona o reliquia?

Per la tradizione cattolica il termine *reliquia* (dal latino *reliquiae*, che significa resti) indica la salma, o una parte di essa, di una persona venerata come santo o beato. In senso lato, una reliquia è un qualsiasi oggetto che abbia avuto una diretta connessione con i santi: vesti, strumenti del martirio, oggetti appartenuti. Si parla di "reliquie da contatto" nel caso di oggetti che sono stati accostati con altre reliquie del santo; quest'uso ha permesso di soddisfare il desiderio di molti fedeli di possedere un oggetto collegato al personaggio venerato senza la necessità di procedere al continuo frazionamento delle reliquie autentiche.

Nel cristianesimo il culto è ancora praticato nella Chiesa cattolica e in quella ortodossa soprattutto nella devozione popolare, mentre è stato contrastato, e tutt'oggi rigettato come feticismo, dalle chiese della Riforma protestante.

Benedetto XVI, nel secondo volume della trilogia dedicata a *Gesù di Nazareth*, fece cenno ai lini funebri usati nella sepoltura di Cristo secondo i racconti dei quattro vangeli. Dopo aver accennato alla differenza di vocabolario tra i vangeli sinottici Matteo, Marco e Luca (che parlano di "lenzuolo") e quello di Giovanni (che parla invece di "bende"), aggiunse: «La questione circa la concordanza con la Sindone di Torino non deve qui occuparci; in ogni caso, l'aspetto di tale reliquia è in linea di massima conciliabile con ambedue le versioni». L'uso del termine "reliquia" da parte di Ratzinger ha suscitato stupore e non sono stati pochi quelli che si sono interrogati sull'intenzione del Papa teologo nell'utilizzare questo termine a proposito della Sindone.

Benedetto XVI non si propose di approfondire l'affermazione. A lui interessava dire, tuttavia, che tra la realtà della Sindone torinese e le descrizioni evangeliche della sepoltura di Gesù (sia quando parlano di un "lenzuolo" sia quando dicono "bende") non c'è incompatibilità.

In un contesto di esplicita sospensione del giudizio da parte della Chiesa, il termine "reliquia" è parso voler esprimere in realtà un parere favorevole sull'autenticità.

Tuttavia, il 2 maggio 2010, durante il pellegrinaggio a Torino per l'ostensione, Ratzinger parlò di *icona*: «La Sindone è un'icona del Sabato Santo». Il termine assumeva il significato di richiamo a un grande mistero. Nel cristianesimo ortodosso l'icona ha una pregnanza teologica precisa: nell'immagine si riconosce la Presenza del Dio che salva.

La terminologia adottata da Ratzinger nel libro esprime la convinzione che sul piano filologico i racconti evangelici della sepoltura di Gesù non sono un ostacolo all'ipotesi "gesuanica" della Sindone. Tuttavia, egli non fu guidato dalla preoccupazione di dichiararla autentica, perché per la fede cattolica chiamare la Sindone *reliquia* o *icona* non ha particolari conseguenze: la Sindone non è Gesù bensì un segno straordinariamente "efficace" del suo amore, del mistero della redenzione; non è dogma di fede, ma un aiuto eccezionale per approfondire la realtà di Cristo.

I PAPI E LA SINDONE
Quale atteggiamento di fronte all'icona?

Come si è detto, la vicenda della Sindone si è intrecciata nei secoli a quella di molti papi.

In tempi recenti, la Chiesa ha sospeso il giudizio, privilegiando la dimensione del "mistero" e autorizzando tuttavia il culto come «icona della Passione di Gesù» (vedi n. 84).

Alcuni papi hanno espresso il loro personale convincimento sull'autenticità: Pio XI e Giovanni Paolo II, fra gli altri.

Paolo VI in occasione dell'ostensione televisiva – il 23 novembre 1973 – si rivolse a tutta la Chiesa con queste parole: «Sappiamo quanti studi si concentrano intorno alla Sindone, e non ignoriamo quanta pietà fervida e commossa la circondi. Qualunque sia il giudizio storico e scientifico che valenti studiosi vorranno esprimere circa codesta sorprendente e misteriosa reliquia, noi non possiamo esimerci dal fare voti che essa possa altresì introdurli in una più penetrante visione del suo recondito e affascinante mistero».

Giovanni Paolo II – il 24 maggio 1998 – venerò la Sindone con queste parole: «Carissimi fratelli e sorelle! Davanti alla Sindone, immagine intensa e struggente di uno strazio inenarrabile, desidero rendere grazie al Signore per questo dono singolare, che domanda al credente attenzione amorosa e disponibilità piena alla sequela del Signore. La Sindone è provocazione all'intelligenza. Essa richiede anzitutto l'impegno di ogni uomo, in particolare del ricercatore, per cogliere con umiltà il messaggio profondo inviato alla sua ragione e alla sua vita. Il fascino misterioso esercitato dalla Sindone spinge a formulare domande sul rapporto tra il sacro lino e la vicenda storica di Gesù».

Papa Benedetto XVI – il 2 maggio 2010 – durante l'ostensione osservò: «Cari amici, si può dire che la Sindone sia l'icona del Sabato Santo. Sul finire dell'Ottocento, Nietzsche scriveva: "Dio è morto! E noi l'abbiamo ucciso!". Questa celebre espressione, a ben vedere, è presa quasi alla lettera dalla tradizione cristiana, infatti spesso la ripetiamo nella Via Crucis, forse senza renderci pienamente conto di ciò che diciamo. Dopo le due guerre mondiali, i lager e i gulag, Hiroshima e Nagasaki, la nostra epoca è diventata in misura sempre maggiore un Sabato Santo: l'oscurità di questo giorno interpella tutti coloro che si interrogano sulla vita, in modo particolare interpella noi credenti. Anche noi abbiamo a che fare con questa oscurità».

Papa Francesco, in occasione dell'ostensione televisiva straordinaria (Sabato Santo 30 marzo 2013), ebbe modo di dire: «Mi pongo anch'io con voi davanti alla sacra Sindone, e ringrazio il Signore che ci offre, con gli strumenti di oggi, questa possibilità. Anche se avviene in questa forma, il nostro non è un semplice osservare, ma è un venerare, è uno sguardo di preghiera. Direi di più: è un lasciarsi guardare. Questo volto ha gli occhi chiusi, è il volto di un defunto, eppure misteriosamente ci guarda, e nel silenzio ci parla. Com'è possibile? L'Uomo della Sindone ci invita a contemplare Gesù di Nazaret».

LE COPIE DELLA SINDONE
Oggetti di devozione?

Si afferma spesso che una delle ragioni per cui la Sindone non è autentica è che di oggetti simili ne esistono molti. La realtà è che conosciamo numerose copie a grandezza naturale della Sindone dipinte su tela e assai diffuse nei secoli VI, VII e VIII.
Si tratta di 52 diversi esemplari. Di questi, 27 recano la data scritta sulla tela. Gli altri 25 sono egualmente databili sulla base di documenti di autenticazione o di altri scritti. Essi null'altro dimostrano se non la grandissima venerazione di cui godeva la Sindone, ritenuta preziosa reliquia della sepoltura di Gesù.
L'origine delle copie è varia, ma il motivo principale era quello di possedere, come si credeva, una reliquia tale e quale all'originale per finalità devozionali. E a questo scopo la copia era posata sopra la Sindone per un contatto perfetto di ogni singola parte in occasione delle ostensioni, che furono numerosissime. Il ricordo di tale contatto è rimasto non solo in molti documenti d'epoca, ma anche scritto su alcune copie. Nelle copie di Guadalupe e di Navarrete, entrambe del 1568, per quanto risulta, si legge: «Questa pictura [...] estata distesa dissopra di iunio 1568». Nella lunga scritta della copia di Napoli (1652) il particolare è ancora meglio specificato: «*Ommi dimensione simillium exemplar* [...] *contactu Prototypi consecratum Archiepiscopi manu*» (le dimensioni sono identiche all'originale [...] attraverso il contatto con l'originale è avvenuta la consacrazione da parte dell'arcivescovo).
Queste copie erano destinate come regalo a monasteri, conven-

ti, prelati, alte personalità, congiunti dei Savoia, che le consideravano vere reliquie proprio per il contatto con l'originale.

Sui documenti si leggono dichiarazioni come le seguenti: «Copia perfettamente uguale all'originale», «copia ottenuta miracolosamente».

La scritta che si legge nella maggior parte delle repliche è: «EXTRACTUM EX ORIGINALI TAURINI ANNO...».

«Cavato da Originale» si legge nelle copie di Lisbona, 1620, e di Summit (N.J., USA), 1624. «Sacado dal Original» riporta quella di Torres de Alameda, 1620.

Alcune copie, quindi, sono state riprese direttamente dalla Sindone, ma è da supporre che tante altre siano state dipinte non direttamente, ma servendosi di un modello-tipo. Le immagini compaiono di solito su un solo lato del lenzuolo.

Eseguite da vari pittori in diverse epoche, una delle copie più famose, realizzata nel 1516 e conservata a Lier, in Belgio, è attribuita ad Albrecht Dürer, ma l'attribuzione è controversa.

Un'altra replica della Sindone è custodita nella basilica cattedrale di Gallipoli, realizzata a Torino nel XVI secolo e messa in contatto con l'originale nel 1578, per volere del vescovo Alessio Zelodano in occasione del pellegrinaggio di san Carlo Borromeo a Torino.

Dalla Settimana Santa del 2014, una copia recente si trova nel Real Santuario del Santísimo Cristo de La Laguna a Tenerife (Spagna), realizzata con le tecniche più avanzate del XXI secolo, per cui è oggi considerata la più simile all'originale.

La cittadina canavesana di Agliè, in provincia di Torino, è nota per il proprio castello e per gli antichi portici; meno numerosi sono coloro che conoscono le "testimonianze sindoniche" presenti in essa.

Agliè fu teatro di scontro fra i guelfi di San Martino d'Agliè e i ghibellini conti di Valperga. Risparmiata dal tuchinaggio, rivolta popolare antifeudale e antisavoiarda del secolo XIV, la cittadina vide la potenza dei conti di Agliè crescere con quella dei Savoia.

A tale situazione politica e all'influenza dei Savoia, custodi della Sacra Sindone, risulta ascrivibile la presenza nella cittadina addirittura di un'opera denominata "sindone di Agliè". È una copia dipinta del lino torinese che venne realizzata, in grandezza originale, da Giovanni Battista Fantino nel 1708.

È conservata nella chiesa barocca di Santa Marta. Di solito la "sindone di Agliè" rimane esposta al pubblico nella parrocchia nel lasso di tempo coincidente con l'ostensione sindonica torinese.

Nella stessa Agliè, inoltre, è presente un affresco sindonico, sia pur relativamente recente.

Esso è collocato al di sopra del portale d'ingresso del santuario di Santa Maria della Rotonda di Agliè. L'affresco fu realizzato nel 1938 dal pittore Grossi e raffigura la Vergine che mostra il sudario. Ai due lati sono raffigurati i patroni d'Italia: san Francesco d'Assisi e santa Caterina da Siena.

LE SACRE RAPPRESENTAZIONI
Furono influenzate dalla Sindone?

Fin dal Medioevo le sacre rappresentazioni teatrali, che le confraternite allestivano per il Triduo pasquale, vennero influenzate non solo dai racconti evangelici, ma anche dall'iconografia sindonologica.

Una delle più spettacolari sacre rappresentazioni della Via Crucis, che si tiene ancora oggi al santuario della Madonna del Divino Amore, a Roma, la Domenica delle Palme e il Venerdì Santo pone al centro la Sindone di Torino.

Negli suggestivi spazi circostanti vengono ricostruiti i luoghi della città di Gerusalemme in cui si svolsero i momenti della Passione di Cristo. Vi partecipano circa 200 attori.

La configurazione dell'agro romano – come la collina dove avviene la crocifissione e una grotta che serve da sepolcro con la presenza delle antiche rovine di Castel di Leva – costituisce una spettacolare ambientazione per l'evento scenico.

Ogni personaggio indossa il costume d'epoca e svolge il proprio ruolo accompagnato da brani musicali, dalle parole del narratore che legge la Bibbia e spiega la Sindone.

L'ambiente, i costumi, la folla, i discepoli, i soldati romani, i sommi sacerdoti offrono una grande suggestione. Vengono ricostruiti tutti gli ambienti: il Sinedrio, il Cenacolo, il maestoso palazzo di Pilato, la prigione di Barabba e dei ladroni, l'orto degli ulivi, l'ingresso di Gerusalemme.

Mentre Gesù è nel Sinedrio, entrano i soldati romani a cavallo e si schierano davanti al tribunale di Pilato, quindi arriva la fanteria con i suoi centurioni, poi le truppe. Gesù viene infine consegnato ai soldati.

I pali verticali delle croci sono già fissati a terra al Calvario; i tre condannati, ricevuti i patiboli sulle spalle, si avviano verso il Golgota. Gesù cade, ma non può ripararsi, perché ha le braccia legate al patibolo, e picchia il volto sulla strada. Dopo la prima caduta, gli occhi di Gesù si incontrano con quelli della Madre. Maria ricorda forse le parole di Simeone: «Sarà segno di contraddizione e a te una lama trapasserà l'anima».

Alla morte di Gesù si fa profondo silenzio e si rimane avvolti nel buio.

Giuseppe d'Arimatea arriva a passo lento, col permesso di Pilato stacca Gesù dalla croce portandolo al sepolcro. La sepoltura evidenzia come Gesù fu avvolto nella Sindone proprio sulla pietra sepolcrale. Una grande pietra circolare chiude l'entrata della tomba e i soldati dei Giudei vi fanno la guardia.

La Risurrezione viene presentata all'ingresso del sepolcro con la proiezione in controluce della Sindone a grandezza naturale, dove Gesù lascia la sua impronta immateriale allorché il controluce si affievolisce. Quando giungono le donne, la tomba è vuota e gli angeli annunciano che il Signore è risorto e attende i suoi in Galilea. A questo punto, in alto, sul Calvario riappare Gesù glorioso in mezzo ai suoi apostoli che ordina loro di andare in tutto il mondo ad annunciare il Vangelo e, mentre ascende verso l'alto, una nube lo avvolge e lo sottrae allo sguardo di tutti.

LE CHIESE PROTESTANTI
Quale atteggiamento verso la Sindone?

Storici del passato – fra cui Filiberto Pingone (XVI secolo) e Philippe Chifflet (XVII) – diffusero la versione di un'origine dolosa del rogo accorso alla Sindone nel 1532 (vedi n. 6). Pingone si spinse addirittura ad affermare, come sedicente testimone oculare, che sarebbero stati i Calvinisti i responsabili.

I cattolici duchi di Savoia erano invisi alla Riforma. Il principe-vescovo di Ginevra dovette abbandonare la città e la propria sede, mentre a Chambéry si raccoglieva un'élite di cattolici fuggiaschi. La furia iconoclasta dei riformati era divampata un po' ovunque, ma non si sa con certezza se tale atteggiamento si sia sfogato anche contro la Sindone. Ancora oggi le chiese protestanti considerano la venerazione delle reliquie una manifestazione di religiosità estranea al messaggio evangelico.

Nel gennaio 1998, i "protestanti torinesi" presero una dura posizione contro l'ostensione di quell'anno. Nella sala valdese di Torino fu presentato un testo – scritto dalla Commissione Evangelica per l'Ecumenismo – in cui l'evento veniva definito una «sfida al dialogo ecumenico e uno schiaffo alla scienza ridotta ancora una volta a livello di *ancilla ecclesiae*». Venne anche presentato un libro che sosteneva la stessa tesi: Carlo Papini, *Sindone, una sfida alla scienza e alla fede* (Claudiana 1998).

Negli ultimi anni le posizioni si sono ammorbidite e anche le chiese protestanti rispettano senza commentare le manifestazioni di religiosità delle altre confessioni cristiane.

LA SPIRITUALITÀ

MONARCHIA E DEVOZIONE POPOLARE
La Sindone fu un simbolo di potere?

Fin dal momento della speciale "presa in carico" della Sindone da parte dei capostipiti dei Savoia, ai tempi della principessa orientale Anna di Lusignano, figlia del re di Gerusalemme e Cipro, fu evidente la particolare devozione tributata alla reliquia, che mise in atto anche gli accorgimenti necessari a preservarla il più possibile dai ricorrenti tentativi di distruggerla.

La Sindone era uno dei simboli del potere sabaudo, già allora considerato una sorta di "palladio", di oggetto taumaturgico posto a protezione della famiglia ducale e dei sudditi che popolavano il ducato. Per questo, a più riprese, i francesi avevano cercato d'impossessarsi del sacro lino, pur senza mai riuscirvi.

Un documento del 1650 attesta che la devozione per il santo sudario era così sentita che l'immagine veniva dipinta addirittura sulle porte delle case private, quasi che il popolo volesse emulare l'adorazione che Casa Savoia aveva per l'icona.

In tempi più recenti, regnante Vittorio Emanuele III, fu deposta in una stanza-rifugio per proteggerla dalle incursioni aeree nella Grande Guerra; la decisione del re – nel maggio del 1918 – fu quella di mettere al sicuro il santo tesoro. Aveva espressamente ordinato che si scegliesse qualunque posto, che si realizzasse qualunque lavoro affinché la Sindone non uscisse dal Palazzo Reale.

La Casa sabauda ebbe sempre una speciale devozione per il santo lino; fu protagonista in privato di grande venerazione e promotrice di azioni volte a diffonderne il culto.

LA CONFRATERNITA DEL SANTISSIMO SUDARIO
Cos'è?

Nel 1506 papa Giulio II aveva emanato una bolla che concedeva la festa della Santa Sindone, istituita il 4 maggio. Lo stesso anno venne istituita la prima confraternita dedita al culto sindonico; nel 1522 un'altra realtà analoga era stata creata a Ciriè, mentre una terza confraternita nasceva a Roma nella seconda metà del secolo.

La Confraternita del Santissimo Sudario di Torino è una delle più antiche confraternite ancora in vita: la sede è in via San Domenico. Venne fondata nel 1598 – in un periodo nel quale l'interesse verso la Sindone si stava diffondendo – allo scopo di coltivare e accrescere la devozione al telo, giunto a Torino venti anni prima.

Durante i suoi oltre quattrocento anni di esistenza, il gruppo religioso ha dato vita a molte iniziative caritative, culturali e religiose. Il suo grande filone d'impegno fu, fin dall'inizio, la cura dei malati di mente, iniziato con la costruzione e gestione del primo ospedale degli Stati sabaudi, che continua la sua attività ancora oggi attraverso il Centro Fratel Luigi Bordino (vedi n. 93).

L'atto costitutivo della Confraternita torinese fu autorizzato dall'arcivescovo Carlo Broglia e dal duca Carlo Emanuele I di Savoia.

La confraternita si distinse subito per le opere di solidarietà, tanto che papa Urbano VIII nel 1625 riconobbe i meriti dell'attività dei confratelli.

Nel 1728 la confraternita fondò lo "Spedale de' Pazzerelli", primo istituto di cura per bambini affetti da gravi problemi psichici. Con licenza del 12 ottobre 1731 Casa Savoia diede facoltà alla confraternita di erigere una chiesa all'incrocio tra via Piave e via San Domenico, nell'area dei Quartieri Militari della città settecentesca. Nel 1734, presi in esame i progetti, venne scelto quello di Ignazio Mazzone, anch'egli confratello, e si posò la prima pietra della chiesa del Santo Sudario.

Michele Antonio Milocco e Pietro Alzeri vennero scelti per le decorazioni. Dal 1764 la chiesa, accessibile solo ai privati, venne aperta al pubblico. La facciata è opera di Giovanni Battista Borra. Nell'interno, a navata unica, l'affresco della volta raffigurante la Trasfigurazione è di Antonio Michele Milocco.

Soppressa in epoca napoleonica, e poi ripristinata da Vittorio Emanuele I di Savoia, la confraternita, entrata in collisione con il governo in seguito alla riforma delle opere pie, separò il proprio patrimonio da quello del manicomio.

Nel 1937 i confratelli fondarono il sodalizio *Cultores Sanctae Sindonis*, approvato dal cardinale Maurilio Fossati, che nel 1959 divenne il Centro Internazionale di Sindonologia.

Nel 1973 la confraternita ha inaugurato il Museo della Sindone di Torino, di cui è proprietaria, ospitato oggi nella cripta della chiesa del Santo Sudario (vedi n. 30). Oggi l'accesso alla chiesa è inserito all'interno dell'articolato e ricco percorso di visita del museo.

Bruno Barberis e Massimo Boccaletti hanno dedicato uno studio interessante alla storia della confraternita: *Nel Nome della Sindone. La Confraternita del SS. Sudario dalla fondazione (1598) ad oggi* (Effatà Editrice 2006).

I GRANDI DEVOTI
Quali santi e beati venerarono la Sindone?

Verosimilmente il primo duca che ebbe il desiderio di dare alla Sindone una sontuosa e stabile dimora fu il beato Amedeo IX di Savoia, un grande devoto della Sindone.

Essendo cagionevole di salute, consegnò ben presto il regno nelle mani della moglie Iolanda di Francia, figlia minore di Carlo VII. I due consorti, sia pur oberati da una perdurante situazione d'insicurezza politica, riuscirono a promuovere il culto della Sindone e nel febbraio 1466 ottennero da papa Paolo II l'indulgenza plenaria nel giorno del Venerdì Santo per tutti coloro che avessero visitato la cappella di Chambéry ove – fra le altre reliquie – era sicuramente presente anche la Santa Sindone.

Il trasferimento del sacro telo da Chambéry a Torino avvenne contestualmente al pellegrinaggio intrapreso da san Carlo Borromeo, arcivescovo di Milano (vedi n. 26). Quest'ultimo, infatti, aveva stabilito, quale *ex voto*, di recarsi a piedi a venerare il famoso lino. Tale penitenza sarebbe stata segno di riconoscenza per la cessazione della peste nella sua diocesi. Il duca di Savoia colse al volo l'occasione per trasferire la santa reliquia a Torino. La giustificazione ufficiale, in parte vera, era che il duca desiderava alleviare la fatica all'illustre porporato riducendo la lunghezza del suo viaggio.

A memoria di tale evento, la stessa Torino ha dedicato proprio a san Carlo Borromeo la piazza che ancora oggi conserva numerosi affreschi sindonici, e che costituisce il salotto della città: piazza San Carlo.

Padre Sebastiano Valfrè, presbitero proclamato beato dalla Chiesa cattolica nel 1834, è noto per la sua grande devozione alla Sindone. Era solito ripetere: «La croce ha ricevuto Gesù vivo e ce lo ha restituito morto; la Sindone ha ricevuto Gesù morto e ce lo ha restituito vivo».

Ebbe un'occasione privilegiata di avvicinarla, il 1° giugno 1694, in occasione del trasporto della reliquia nella nuova sontuosa cappella del Guarini appositamente eretta. Fino a quel momento la Sindone era custodita (sin dal 1685) nella cappella dei Santi Stefano e Caterina, in duomo.

Per quell'evento speciale si vollero sostituire, poiché vecchi e consunti, i veli di supporto della Sindone, e padre Valfrè, il 26 giugno, alla presenza del duca Vittorio Amedeo e della duchessa Anna, si apprestò a ricucirli rinforzando i rattoppi e i rammendi. Si racconta che la sua commozione fu tale che, come avvenne anni prima a san Francesco di Sales, anche a padre Sebastiano caddero alcune lacrime sul lino.

Il duca volle che il padre "sfilasse" dal telo tre corti fili per riporli in un reliquiario d'oro a forma di cuore che il sovrano avrebbe portato sempre con sé.

Un altro grande devoto della Sindone che merita di essere ricordato è il venerabile fratel Luigi Andrea Bordino, cottolenghino, stupenda figura di religioso infermiere che vedeva nelle piaghe del lino un motivo di forza e di meditazione per il suo lavoro. Al suo nome la Confraternita del Santissimo Sudario ha dedicato il Centro Fratel Luigi Bordino che si occupa di malati psichici (vedi n. 92).

DON BOSCO E LA SINDONE
Quale devozione?

San Giovanni Bosco (1815-1888) amò la Sindone con grande trasporto. Quando negli anni Quaranta scrisse la *Storia Sacra*, libretto divulgativo per i suoi ragazzi, al paragrafo "Gesù nel sepolcro" scrisse: «Giuseppe di Arimatea aiutato da Nicodemo, altro discepolo segreto, calò dalla croce il corpo di Gesù, lo unse, lo imbalsamò e, avvoltolo in un lenzuolo, il pose in un sepolcro nuovo scavato nel sasso, ove niuno ancora era stato riposto». Una nota in calce riporta queste parole: «Questo lenzuolo, dopo molti prodigiosi avvenimenti, fu portato a Torino, dove tuttora conservasi nella Reale Cappella della Sindone, attigua alla Chiesa Metropolitana di questa città».

Don Bosco non solo conosceva la Sindone e la sua storia, ma la venerava personalmente e inculcò nei suoi ragazzi devozione per la reliquia.

Due episodi documentano la sua speciale venerazione. Il primo fu in occasione dell'ostensione del 21 aprile 1842; il secondo fu il 22 aprile 1868, quando portò i giovani dell'Oratorio a venerare il santo lino. Il salesiano Giovanni Battista Lemoyne, nelle sue *Memorie biografiche*, ricorda: «Don Bosco vi accorse e con lui tutti i giovani dell'Oratorio. Egli che era tenerissimo verso i dolori del Salvatore e della divina sua Madre, di questo commovente spettacolo si valse per destare nei suoi giovanetti odio implacabile al peccato e un amore ardentissimo a Gesù Redentore, ciò che faceva sempre in tutta la sua vita».

PREGHIERE
Quali le orazioni della tradizione?

Nel corso della storia della Sindone sono state scritte molte preghiere da recitare di fronte al sacro lino. Ecco alcuni fra i testi più suggestivi:

Imprimi il Tuo Volto in me

Imprimi il tuo volto in me, Signore, perché il Padre vedendo Te in me ripeta: «Tu sei il figlio che amo». E perché chiunque m'incontra veda una scintilla del Padre.

Imprimi il tuo volto in me, Signore, perché possa essere testimone della tua luce e della tua bontà, e dell'infinita tenerezza che hai per ogni creatura.

Imprimi il tuo volto in me, Signore, perché io possa essere un segno del tuo amore per i piccoli e i poveri, per gli ammalati e gli esclusi.

Imprimi il tuo volto in me, Signore, perché sia io una Sindone vivente che porta in sé i segni della tua morte e Risurrezione.

Passio homini, passio Christi

Signore Gesù, mentre in silenziosa preghiera contemplo la santa Sindone il mio cuore si riempie di commozione, perché vedo in quel misterioso lino tutti i segni dell'atroce sofferenza vissuta nella tua Passione, così come narrata dai Vangeli.

Il dramma del tuo dolore è reso evidente dal sangue che vedo sul tuo corpo per la corona di spine e i colpi di flagello, per i chiodi nelle mani e nei piedi e per il cuore trafitto dalla lancia del soldato.

Quando, insieme con la Vergine Maria, tua e nostra Madre, adoro Te, Gesù, sofferente e immolato, comprendo con maggior chiarezza che Tu hai preso su di te i dolori e le croci di tutta l'umanità.

Ogni mia sofferenza, la "passio hominis", unita alla tua sofferenza, la "Passio Christi", riceve in dono un valore redentivo per cui mi sento da te sostenuto, consolato, perdonato.

So che non c'è consolazione senza conversione, per cui, mentre col tuo aiuto porto con fiducia le mie croci, ti prometto di iniziare una vita nuova allontanandomi dal peccato, così da poter sperimentare che dalle tue piaghe sono stato guarito.

Apri i tuoi occhi, Signore

Com'è bello il tuo volto, o Signore!

Dopo venti secoli, hai dato a noi, tuoi redenti, di bearci nella tua Sacra Sindone e leggervi la tua passione e il tuo Amore per noi.

Apri i tuoi occhi, Gesù. Guardami! Dammi un solo sguardo che faccia incendiare il mio cuore, che mi faccia capire chi sei.

Apri le tue labbra soffuse di grazia e parlami!

Fa' che senta la tua voce, che guariva, consolava, convertiva.

Porgi a me il tuo orecchio, o Gesù, e ascolta questa povera voce: fa' che io veda, o Signore!

LA LOTTA FRA BENE E MALE
Come sostare davanti alla Sindone?

Bisogna fuggire la tentazione di "fare poesia" di fronte alla Sindone. È necessario fare lo sforzo di stare davanti a questa icona senza annacquare la tragedia, senza esimersi dall'affrontare fino in fondo lo scandalo del Male. Lasciarsi guardare dal Volto sindonico, in spirito di autenticità, sarà allora come mettersi prospicienti a uno specchio. Meditare su quel corpo ferito, nella verità, scrutando le fibre più nascoste del suo mistero e della sua storia, sarà un'occasione preziosa per riflettere sul cammino dell'uomo, che da millenni procede a tentoni fra luce e buio, in un'eterna lotta fra Bene e Male.

Sarà una preziosa opportunità per riprendere l'itinerario che ogni individuo è chiamato a percorrere per diventare pienamente se stesso: il viaggio dell'esplorazione del proprio mondo interiore. E la prima sorpresa di questa "avventura dell'anima" sarà la scoperta del bene e del male saldamente impastati dentro di noi.

La Bibbia suggerisce, fin dal libro della *Genesi*, che nel cuore dell'uomo sono vivi il grano e la zizzania, le forze del male e le energie del bene. In virtù della propria libertà l'uomo può scegliere se far prevalere la parte luminosa di sé o quella oscura.

Andare verso la Sindone sarà dunque intraprendere un pellegrinaggio dentro se stessi, in quel luogo dove ciascun essere umano può sconfiggere l'idolatria del sé, e percepirsi piccola creatura di fronte al grande mistero della Natura, del Destino, della Storia.

IL SERVO SOFFERENTE
Cosa ci insegna Cristo sul dolore?

Quando si medita di fronte alla Sindone non si può evitare la "grande domanda" sull'enigma della sofferenza e della morte. È un interrogativo-chiave che emerge già nell'infanzia. Anche i piccoli, infatti, percepiscono in alcuni momenti l'assurdo di un amore che finisce o di una vita che si spegne.

I giovani, gli adulti, i vecchi di ogni epoca e di ogni latitudine hanno percepito il nonsenso del dolore che intride l'esperienza umana e si sono chiesti il perché.

Perché dobbiamo soffrire? Perché dobbiamo morire? Perché vale la pena vivere, se poi tutto finisce?

Molte anoressie e bulimie giovanili, accompagnate da disturbi psichici e depressioni, sono fenomeni che lasciano trasparire una disperata ricerca di senso. Dietro tanti "perché?" si cela una sola fondamentale domanda: che senso ha la mia vita?

La Sindone sprona a cercare una risposta, anche solo provvisoria. Quale direzione dare alla propria esistenza? Perché scegliere il bene e rifiutare il male, se poi il male prevale intorno a noi?

La Sindone aiuta a ritrovare "frammenti di senso" pur immersi nel "nonsenso dilagante" del tempo presente. Il Volto sindonico invita a ritrovare luoghi e tempi per coltivare valori preziosi, provando a dare gusto e senso alla vita, e orientando a questo senso le proprie scelte.

Il Volto del Servo sofferente ci interroga: «Sei una "persona vera" o sei una "maschera"?». La Sindone è ricettacolo di autenticità.

MEMENTO MORI
Un invito a meditare sulla morte?

L'imperativo «*Memento mori!*», che letteralmente significa «Ricordati che devi morire!», è una nota locuzione in lingua latina. La frase traeva origine da una particolare usanza tipica dell'antica Roma: quando un generale rientrava nella città dopo un trionfo bellico e, sfilando nelle strade, raccoglieva gli onori che gli venivano tributati dalla folla, correva il rischio di essere sopraffatto dalla superbia e dalle manie di grandezza. Per evitare che ciò accadesse, un servo dei più umili veniva incaricato di ricordare all'autore dell'impresa la sua natura umana, e lo faceva pronunciando quella frase.

Il passaggio dal paganesimo al cristianesimo ha trasportato questa frase nel linguaggio religioso. L'ordine di stretta clausura dei Trappisti, fondato nel 1664, adottò questa frase come motto: i monaci di quest'ordine si ripetevano tra loro la frase, e si scavavano – un poco ogni giorno – la fossa destinata ad accoglierli, con lo scopo di tenere sempre presente l'idea del dono a Cristo della loro vita.

Il mondo contemporaneo ha posto sotto censura il tema della morte, oggetto di rimozione e paura. La Sindone apre al credente e al non credente nuove prospettive di pensiero sul "fine-vita", introducendo le persone a una maggiore consapevolezza della propria "creaturalità" e arginando il senso di angoscia che deriva da un tabù imposto dalla società contemporanea. La meditazione sulla morte aiuta a vivere con intensità il tempo presente.

I PELLEGRINI DEL XXI SECOLO
Come vivono le ostensioni?

I pellegrini del Terzo Millennio si spostano assistiti e serviti di tutto punto, ignorano le fatiche e le pene dei viaggiatori di un tempo. Salgono su aerei e pullman granturismo; bastone e bisaccia sono stati sostituiti da zaini firmati e scarpe comode.

Che cosa muove un pellegrino della modernità verso il sacro lenzuolo di Torino? Che cosa cercano le folle ridenti che giungono a grappoli per sostare pochi minuti di fronte a un tale monumento della fede? Che cosa provano e quali sentimenti depongono ai piedi della reliquia?

La risposta è ardua, perché il fedele, il curioso, lo scettico, il non credente – trasformato in pellegrino – osserva il telo per pochi secondi, recita, se vuole, una breve preghiera, ma poi è subito costretto a lasciar scorrere la fila interminabile che spinge dietro di lui.

Il credente, oggi come in passato, è spinto dal bisogno di avere conferme, e guardare il lino può dare l'illusione di vedere Gesù. Per chi crede, il pellegrinaggio è un atto di fede e di verifica: si cerca nei segni lo spirito e la storia dei vangeli. Chi non crede è libero di pensare e riflettere in libertà.

Oggi – a differenza di secoli fa – la Sindone è protetta da una teca di vetro infrangibile e non la si può baciare o sfiorare come un tempo. Avvicinare quel telo poteva dare l'illusione di vedere e toccare Gesù. Al tempo delle Crociate questa tendenza finì per assumere aspetti inquietanti e degenerò nella trama del commercio delle cose sacre. Abbiamo visto, nelle pagine precedenti, quanti chiodi, quante schegge di legno della croce e addirittura quante parti del corpo del Salvatore venivano spacciate per autentiche a scopo di lucro (vedi n. 37).

Oggi le cose sono cambiate, a meno che non si voglia intendere come residuo di quel fenomeno lo sfruttamento economico che l'organizzazione turistica pianifica intorno agli itinerari religiosi. Nel Terzo Millennio non c'è più l'ansia del toccare e baciare l'icona, né la vendita delle indulgenze. Fra i pellegrini fiorisce piuttosto il desiderio di pregare insieme accogliendo l'invito di Gesù: «Se due di voi sopra la terra si accorderanno per domandare qualunque cosa, il Padre mio che è nei cieli la concederà. Perché dove sono due o tre riuniti nel mio nome, io sono in mezzo a loro» (*Matteo* 18,19-20).

Ciò che colpisce di più osservando la Sindone – forse il suo più autentico miracolo – è la somma sterminata di anime che l'hanno amata fino a farne uno scrigno di spiritualità. Un tesoro che prima a Chambéry e poi a Torino il fuoco non è riuscito a distruggere. Né l'avrebbe potuto perché la memoria religiosa è inviolabile.

Questo non significa che di fronte al mistero si annullino i dubbi, tuttavia di fronte alla Sindone non si può fare a meno di ascoltare il messaggio non violento di quel Vangelo che continua ad affascinare gli uomini e le donne di buona volontà. All'origine c'è, ancora e sempre, il bisogno di sacro e, nel caso del sacro lino, la necessità di un pensiero che consola pur nella consapevolezza della morte che verrà.

LA RISURREZIONE
La Sindone è una prova?

Molti studiosi sostengono che la Sindone di Torino è la "prova" della Risurrezione di Cristo e che il telo abbia avuto il ruolo di "scintilla" che fece divampare il grande incendio del cristianesimo. Come spiegare altrimenti – si chiedono questi studiosi – la nascita e il successivo trionfo di quella religione, se non con un fatto di rottura come la "rinascita" di Gesù? Il Figlio dell'uomo non era nato dalla polvere per tornare alla polvere, ma era nato dal Padre della Vita e, dopo la morte, si era ricongiunto a quella Vita che lo aveva generato.

Tuttavia, anche i sindonologi autenticisti sanno di non poter dichiarare con evidenza scientifica che la Sindone porta traccia dell'evento della Risurrezione. Se fosse davvero così, se davvero fosse la prova inconfutabile, saremmo "costretti" a riconoscerla e a credere in Gesù per forza. La fede non avrebbe più motivo di essere. Gesù stesso disse: «Beati quelli che pur non avendo visto crederanno!» (*Giovanni* 20,29).

Giovanni Paolo II, il 24 maggio 1998, disse che «la Chiesa affida agli scienziati il compito di continuare a indagare per giungere a trovare risposte adeguate agli interrogativi connessi con questo Lenzuolo» (vedi n. 84). Le lucide parole di Wojtyła non vanno dimenticate, anche quando con tutto il cuore ci si inginocchia davanti alla Sindone di Torino lasciandosi invadere dal suo mistero, dalla sua attitudine non violenta, dal suo speciale potere di consolazione.

APPENDICI

Notizie sull'ostensione straordinaria 2015

LE DATE

L'ostensione si terrà da domenica 19 aprile a mercoledì 24 giugno, festa di san Giovanni Battista patrono di Torino e onomastico di don Bosco. Il periodo previsto è più lungo (67 giorni) rispetto a quello delle precedenti ostensioni; ma si è voluto, in questo modo, mettere a disposizione un periodo il più ampio possibile sia per la visita del Papa sia per il pellegrinaggio alla Sindone dei giovani che parteciperanno alle varie celebrazioni del bicentenario della nascita di san Giovanni Bosco, illustre santo piemontese fondatore dell'Ordine salesiano.

LA VISITA DEL PAPA

Papa Francesco sarà il 21 giugno 2015 a Torino per venerare la Sindone e onorare il bicentenario della nascita del Santo piemontese. Lo sguardo dell'Uomo della Sindone si poserà sui giovani e sui malati. È soprattutto per loro che papa Francesco ha voluto l'ostensione, che ha confermato con queste parole: «Sono lieto di annunciare che, a Dio piacendo, il 21 giugno prossimo, mi recherò in pellegrinaggio a Torino per venerare la Sacra Sindone e onorare san Giovanni Bosco, nella ricorrenza bicentenaria della sua nascita».

Una tre-giorni di introduzione alla venuta del Papa, arricchita dalla visita alla Sindone e ai luoghi di don Bosco, coinvolgerà i giovani che si attendono numerosi a Torino anche da varie parti del mondo. Mentre per l'accoglienza degli ammalati gli ospedali Maria Adelaide e Cottolengo, vicini al duomo, metteranno a disposizione settanta posti letto. L'organizzazione guarderà questa volta con particolare attenzione a chi soffre e vive il disagio.

Nel giorno della visita del Papa il duomo sarà chiuso, non si potranno effettuare visite e non saranno possibili prenotazioni. Per partecipare alla Messa non ci sarà bisogno di prenotare. Tutte le notizie utili sono disponibili sul sito ufficiale della Chiesa cattolica: www.sindone.org.

IL MOTTO DELL'OSTENSIONE

Il motto dell'ostensione 2015 è "L'Amore più grande". L'arcivescovo di Torino, e custode della Sindone, monsignor Cesare Nosiglia, lo ha così commentato: «Papa Francesco ha detto giustamente che la contemplazione della Sindone non è la contemplazione di un uomo morto: è un uomo vivo. E non siamo noi che guardiamo la Sindone: è Lui che ci guarda e ci spinge a quell'amore più grande».

IL BICENTENARIO SALESIANO

Proprio a motivo del ricordo della nascita di Don Bosco, monsignor Nosiglia ha annunciato l'ostensione della Sindone tra il tempo pasquale e la chiusura del Bicentenario salesiano. L'arcivescovo ha riflettuto sul carattere straordinario di questa ostensione: «Essa si collega al Giubileo salesiano: una ricorrenza che per Torino e il suo territorio significa moltissimo, perché sono qui le radici della santità e dell'esperienza dei figli di Don Bosco». L'ostensione è un evento distinto dalle celebrazioni salesiane, ma anche strettamente collegato in un clima di reciproca collaborazione.

EXPO 2015 DI MILANO

Durante parte del Bicentenario, dal 1° maggio al 31 ottobre, Milano ospiterà l'Expo 2015, il cui tema è: "Nutrire il pianeta, energia per la vita". Si tratta di un evento mondiale a cui la Congregazione parteciperà con 30 eventi, proposti dalle varie parti del mondo salesiano. È un'occasione per promuovere temi educativi nei quali la Congregazione è impegnata: l'educazione allo sviluppo, alla cittadinanza mondiale, al volontariato, l'educazione ai e per i diritti umani; è pure un'occasione per declinare il tema dell'Expo in una prospettiva educativa: nutrire il corpo, nutrire la mente, nutrire la vita e nutrire il pianeta.

I GIOVANI

I giovani sono tra gli attesi protagonisti della prossima ostensione. Don Bosco è il santo tutt'oggi riferimento per milioni di ragazzi in ogni parte del mondo. L'Ufficio per la Pastorale dei Giovani (UPG) di Torino e Giovani Salesiani hanno realizzato un video, intitolato "Vieni alla Sindone", per spiegare le ragioni per partecipare all'ostensione 2015. "Vieni alla Sindone" è un invito rivolto in modo particolare ai giovani, un invito che si estende in tutto il mondo attraverso la rete web.

MALATI E DISABILI

A malati, disabili e persone che vivono nella sofferenza, come nelle passate ostensioni, sarà dedicata un'attenzione particolare. Per accoglierli in modo adeguato e confortevole insieme ai loro accompagnatori, la Pastorale della Salute della diocesi di Torino, insieme con il Comitato organizzatore, sta predisponendo una serie di servizi: luoghi di accoglienza per chi compie il pellegrinaggio alla Sindone in giornata, e sedi di ospitalità per chi si ferma a Torino più di un giorno, su prenotazione.

Sono tre le strutture che offriranno ospitalità diurna ai pellegrini malati o disabili che, in visita per un giorno, avranno bisogno di luoghi dove consumare i pasti (anche al sacco), riposare e utilizzare i servizi igienici. Esse sono:

* *Piccola Casa della Divina Provvidenza - Cottolengo*
  Email: liturgia.accoglienzagruppi@cottolengo.org

* *Santuario di Maria Ausiliatrice - Valdocco*
  Email: accoglienza.valdocco@salesianipiemonte.it

* *Santuario della Consolata*
  Email: accoglienza.turistica@laconsolata.org

PRENOTAZIONE VISITE

È attivo il servizio di prenotazione delle visite via Internet, al link: www.piemonteitalia.eu/prenotazione/frontoffice/ingresso.do

La procedura richiede pochi minuti: è necessario possedere un indirizzo email valido e fornire un numero di telefono attivo nell'apposito campo dei dati personali. La prenotazione può essere effettuata per visite singole o di gruppo. Al termine del processo verrà rilasciato un codice che, insieme al cognome, si potrà utilizzare per modificare o eliminare la prenotazione. Il biglietto verrà recapitato via email. La visita è gratuita.

È possibile ricevere informazioni anche attraverso il call center dell'ostensione, al numero 011 5295550 (lunedì-venerdì: 8-20; sabato: 9-15).

SITI E LINK UTILI

• Il sito ufficiale della Chiesa cattolica, a cura della diocesi di Torino, in lingua italiana, inglese, francese, spagnola è costantemente aggiornato non solo con le notizie storico-scientifiche ed ecclesiali, ma anche con le informazioni in tempo reale sull'ostensione straordinaria 2015:
www.sindone.org
Il sito offre la rivista on line *Sindone News*. Particolare cura è riservata all'approfondimento e alla riflessione sulla Sindone attraverso le sezioni "Approfondimenti", "Documenti" e "il Vangelo".

• Il sito del Centro Internazionale di Sindonologia di Torino, disponibile in lingua italiana, è consultabile al link:
www.sindone.it
Strettamente collegato al sito della diocesi di Torino, presenta

le attività promosse dal Centro (conferenze e attività di formazione, pubblicazioni, tra cui le riviste *Sindon* e *Sindone News*), il museo della Sindone e una "mappa della Sindone". Rende inoltre disponibili on line alcuni testi e documenti. Completano il sito una sezione "Bibliografia sulla Sacra Sindone", con un motore di ricerca interno, il "bookshop" e un servizio di "sala stampa" con le notizie sulla Sindone e gli studi in corso. È inoltre possibile iscriversi a un forum di discussione.

- Una mostra virtuale propedeutica e permanente sulla Sacra Sindone è disponibile sul sito web della Biblioteca universitaria di Torino, realizzata in collaborazione con il Ministero dei beni culturali (Direzione per i Beni Librari e gli Istituti Culturali):
www.bnto.librari.beniculturali.it/static/mostre_virtuali/sindone/SINDONE.HTM
Si tratta di un percorso documentario che, attraverso una galleria fotografica, presenta una scelta di manoscritti, edizioni e incisioni sulla Sindone, collocabili tra gli inizi del XVI secolo e il primo ventennio dell'Ottocento. Tutto il materiale illustrato nella mostra è stato acquisito dal patrimonio della Biblioteca Nazionale Universitaria in modi e tempi diversi, anche precedenti la fondazione ufficiale della Biblioteca stessa (1723).
Particolarmente interessante è l'*Officium et Missa Sanctissimae Sindonis*, manoscritto membranaceo degli inizi del secolo XVI, proveniente dalla Libreria ducale di Casa Savoia e gravemente danneggiato nell'incendio che colpì la Biblioteca di Torino nel 1904, contenente il testo del primo ufficio

scritto dal domenicano Antoine Pennet e presentato al duca Carlo II di Savoia. Questo ufficio venne approvato nel 1506 da papa Giulio II, che fissò la festa liturgica della Sindone il 4 maggio, giorno successivo alla festa della S. Croce.

Da citare anche la *Sindon Evangelica* di Filiberto Pingone del 1581, la prima opera completamente dedicata alla Sindone e alla sua storia – dalla sepoltura di Cristo fino all'arrivo nel duomo di Torino – redatta per presentare alla corte sabauda un insieme di testi e documenti, ormai sconosciuti ai più, tra i quali la bolla di Giulio II (1506).

- Un sito interessante, in lingua italiana e inglese, nato dalla rivista *Collegamento Pro Sindone*, è consultabile all'indirizzo: www.shroud.it
  Rende disponibili gratuitamente gli articoli pubblicati in origine sulla rivista e una guida alla lettura della Sindone attraverso immagini. Il sito riporta inoltre una storia della Sindone (sezione "principali avvenimenti"), le più importanti ricerche effettuate o tuttora in corso (sezione "risultati") oltre a una sezione di "novità". Da segnalare infine una rubrica ben curata di bibliografia, articoli (alcuni dei quali scaricabili) e una lista di link ad altri siti web (in diverse lingue) dedicati alla Sindone. Infine, dal portale è possibile accedere a una webcam fissa sul duomo di Torino.

- Il sito curato da Barrie Schwortz, studioso statunitense della Sindone, offre una prospettiva internazionale sul telo sindonico:
  www.shroud.com

In lingua inglese e limitatamente, in certe sezioni, disponibile in lingua spagnola, presenta collegamenti sindonologici di tutto il mondo. Il sito ha una rubrica di "domande frequenti", offre la possibilità di effettuare un esame virtuale sul reperto della Sindone di Torino, e riporta commenti sul restauro del 2002 e sulle varie ostensioni.

Sezione di rilevanza e di pregio è la *The Shroud of Turin Website Library*: in essa sono disponibili molte informazioni dettagliate e vasto materiale bibliografico: articoli (alcuni dei quali scaricabili in formato pdf) pubblicati su riviste specialistiche, estratti di atti di convegni e simili, riferimenti bibliografici e risorse Internet. Il materiale è disponibile in lingua inglese, ma anche in italiano, spagnolo, tedesco, francese e altre lingue meno diffuse.

- La casa editrice della Custodia di Terra Santa mette a disposizione di parrocchie e centri culturali una mostra storico-didattica dedicata al sacro lino, dal titolo: *Il mistero dell'Uomo della Sindone*. Si tratta di 25 pannelli che, attraverso testi e immagini, offrono spunti utili a ricollocare la reliquia nel suo contesto originario: la Terra Santa dei tempi di Gesù, la cultura giudaica del I secolo, il racconto evangelico della Passione e Resurrezione. La mostra può essere affittata ma anche acquistata. Collegata ad essa, è disponibile anche un'*applicazione gratuita* per tablet e smartphone (*Il mistero della Sindone*) con approfondimenti e contenuti multimediali. Per informazioni:

  www.mostrediterrasanta.it

  eventi@edizioniterrasanta.it

Indice

LA SCIENZA

L'ARTE

LA SIMBOLOGIA

L'ESOTERISMO

LA RELIGIONE

LA SPIRITUALITÀ

APPENDICI.
NOTIZIE SULL'OSTENSIONE STRAORDINARIA 2015

Il volto dell'Uomo della Sindone (negativo fotografico)

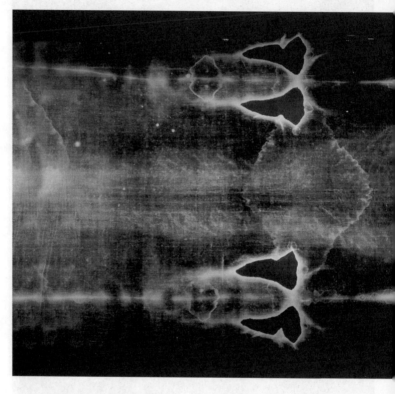

La Sindone (negativo fotografico)

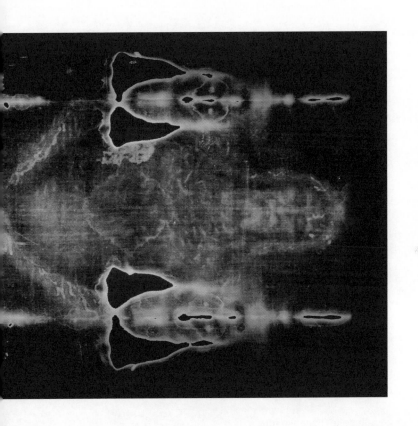